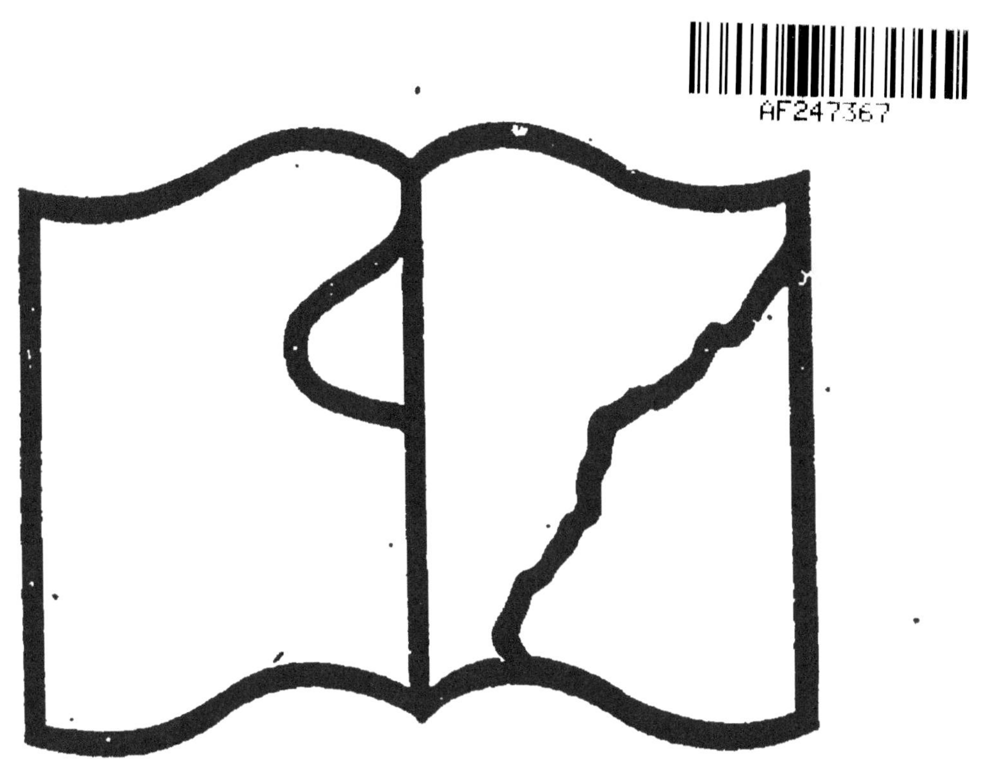

Couverture inférieure manquante

Pour la Justice

et

Pour l'Armée

DU MÊME AUTEUR :

Librairie Hachette

Pour la France : Patriotisme et Esprit militaire..   1 vol.

Le Cardinal Carlo Carafa (1519-1561). Étude sur
le Pontificat de Paul IV, ouvrage couronné par
l'Académie française . . . .   1 vol.

Mémoires de Barras, avec Introduction générale
et Préfaces . . . .   4 vol.

Andrée . . . .   1 vol.

Le Garde du Corps . . . .   1 vol.

L'Unisson . . . .   1 vol.

Victoire d'âme . . . .   1 vol.

Librairie Paul Ollendorff

Ni Dieu ni Maître . . . .   1 vol.

Fin de Rêve . . . .   1 vol.

GEORGE DURUY

Pour la Justice

et

Pour l'Armée

PARIS

SOCIÉTÉ D'ÉDITIONS LITTÉRAIRES ET ARTISTIQUES

Librairie Paul Ollendorff

50, CHAUSSÉE D'ANTIN, 50

1901

AVANT-PROPOS

L'affaire Dreyfus est entrée dans l'histoire.
Elle appartient désormais au passé, sinon à
l'oubli. En parlant d'elle aujourd'hui, il n'y a
plus à craindre de ranimer cette chose morte.
C'est pourquoi l'auteur de ces pages, écrites il
y a deux ans, se décide à les publier, sûr qu'il
est de ne pas troubler en le faisant à cette
heure la paix publique — ou ce qui, à défaut
de la réalité de ce bien désirable, nous en tient
lieu.

Juin 1901.

A MON FILS ALBERT

Mon fils, quand tu seras en âge de lire ces pages et de les comprendre, la sombre histoire qui les a inspirées sera en partie oubliée et je ne serai peut-être plus là pour te la conter. Lis-les néanmoins, et puisses-tu trouver en elles l'ardent amour de la vérité et de la justice, le profond sentiment de solidarité humaine et de pitié, qui ont irrésistiblement poussé ton père à les écrire! Si, comme je le souhaite, ta jeune âme s'imprègne de ces idées, les prend à son tour pour directrices de sa vie morale, il me semble que je t'aurai transmis ce que j'ai trouvé de plus précieux dans l'héritage du juste dont nous portons le nom.

****

Il a eu le bonheur de mourir avant que la crise affreuse où se débat depuis deux ans la patrie n'éclatât. Cette mort, que j'ai maudite quand elle me l'a

a

pris, je suis tenté de la remercier aujourd'hui. Elle lui a épargné la douleur de voir cette armée qu'il aimait, insultée, traînée dans la boue par de mauvais Français, tandis que d'autres — aussi coupables — osaient prétendre que l'unique manière de la défendre était de fouler brutalement aux pieds ces nobles idées de justice, de tolérance, d'humanité, auxquelles il n'avait cessé, dans le cours de sa vie longue et pleine, de rendre un culte de jour en jour plus fervent, comme si, à mesure que croissait avec l'expérience et l'âge sa sereine sagesse, leur bienfaisance et leur beauté lui eussent été plus clairement révélées.

*
* *

Dans ce conflit douloureux qu'eût pensé, qu'eût dit, qu'eût fait ce bon citoyen?

J'en prends à témoin tous ceux qui l'ont connu, ses élèves, ses anciens collaborateurs, ses amis, les dépositaires de sa pensée. Il eût flétri, de la même réprobation indignée que je n'ai cessé moi-même de faire entendre, ces étranges défenseurs de la justice qui n'ont pas reculé devant l'iniquité de rendre notre armée tout entière solidaire des défaillances ou des crimes de quelques-uns de ses membres. Mais il eût affirmé aussi qu'on rendait un bien mauvais service à cette armée en s'opposant violemment, sous prétexte d'un « honneur » — qui n'était au fond qu'entêtement et orgueil — à la réparation d'une erreur

que son sens critique d'historien eût probablement
discernée et dont son humanité sûrement eût gémi.

A ce prétendu « honneur de l'armée », formule
trompeuse sous laquelle on a voulu déguiser le raidis-
sement hautain de l'esprit de corps, refusant de capituler entre les mains de la vérité, ce vieux patriote
eût préf ré mille fois le véritable honneur de la
France. Au nom de cet honneur, il l'eût conjurée de
rester inébranlablement fidèle aux traditions de son
génie, de ne pas renier le bataillon sacré de ses penseurs, sa Révolution, le long et persévérant effort
d'ascension vers la justice qui remplit son histoire
depuis plus d'un siècle, en un mot, tout ce qui
constitue sa noblesse de peuple. Il eût dénoncé comme
une sorte de retour à la barbarie la conception nationaliste d'une France s'isolant du reste de l'univers, heurtant de front à plaisir l'opinion unanime
du monde civilisé, rompant tout commerce avec les
autres consciences de peuples, cessant volontairement de marcher, libre, joyeuse et confiante à la
tête des nations, qu'elle-même conviait autrefois à
se mettre en route à sa suite vers le fraternel et
pacifique avenir de justice dont 89 avait été l'aurore. Surtout, il eût répudié avec horreur la détestable et honteuse doctrine antijuive. Il eût dit à
l'armée : « Ne va pas te commettre avec les malfaiteurs publics qui la propagent ; vois ce qu'ils ont fait
de l'Algérie, vois ce qu'ils sont en train de faire de
la France !... »

⁂

Et c'est pourquoi, mon fils, je songe avec une grande tranquillité au modeste combat que j'ai livré et à la cause que j'ai servie selon mes forces.

En toute sincérité, je puis dire que je n'ai eu en vue que le bien de mon pays. Cela pourrait suffire à m'excuser auprès d'autrui, si je m'étais trompé. Mais ma conscience ne me pardonnerait pas en si grave matière une erreur, eût-elle été commise avec une entière bonne foi : car le mal que j'aurais fait au pays n'en subsisterait pas moins et il n'y a pas d'adoucissement possible, quand on l'aime vraiment, à l'affreux remords de lui avoir été funeste. Or, je crois si peu m'être trompé, en concevant comme je l'ai conçu l'intérêt de sa bonne renommée, que je recommencerais demain avec la même conviction ce que j'ai fait hier.

Le bon citoyen dont je te parle ne m'eût pas blâmé d'avoir cru que dans les graves et tristes conjonctures où se trouvait placée la France, alors que les plus hauts intérêts de la patrie étaient en jeu, aucune considération ne devait retenir sur mes lèvres les paroles que lui-même, d'ailleurs, avec une autorité cent fois plus grande que la mienne, eût vraisemblablement prononcées. Vaillant comme il l'était, il eût compris que c'est pour certaines âmes un besoin de mettre des actes au service de leurs convictions, et que pour ces âmes-là, ce besoin grandit, devient irrésistible, quand, par aventure, il y a quelque péril à le satisfaire.

Et si, quand tu seras homme, le malheur des temps te jetait à ton tour au milieu d'un conflit d'idées et de passions analogue à celui durant lequel j'aurais rougi de rester paisiblement sous ma tente, va tout droit, mon fils, vers celui des camps adverses où tu verras flotter une bannière portant les mots de liberté, de tolérance, de justice et d'humanité. C'est le drapeau de la patrie invisible, de l'auguste patrie des idées, que le labeur superbe de nos pères nous a faite et à laquelle nous ne devons pas souffrir que l'on touche. Cet emblème est aussi sacré que l'autre, celui dont les trois couleurs parlent de la gloire immortelle conquise dans le monde par les vertus guerrières des soldats de notre race. Aime-les tous les deux. Regarde comme de mauvais citoyens ceux qui oseraient de nouveau les opposer l'un à l'autre. Pour leur défense, combats, souffre — et meurs s'il le faut.

Villeneuve Saint-Georges,

15 septembre 1899.

PRÉFACE

I

Il peut arriver qu'un homme, ayant le goût
de l'ombre et du silence, mais subissant la loi
de circonstances plus fortes que son inclination naturelle, soit, malgré lui, contraint à
sortir de cette ombre et à rompre ce silence :
tel vient d'être mon cas.

Depuis sept ans que j'ai l'honneur d'appartenir à une grande école militaire, j'avais cessé
d'écrire. Les vaines psychologies des romans,
— à commencer par celles que j'avais tentées
dans les miens — m'écœuraient. Un immense
besoin de servir à quelque chose s'était emparé
de moi. Aux banals suffrages des mondains,
à cette misérable petite gloire d'un jour que
dispense le chuchotement louangeur des

salons à l'écrivain qui a fixé sur son œuvre éphémère — *saltavit et placuit !* — la mobile attention de ce public frivole, je préférais mille fois les satisfactions que me procurait la tâche à laquelle je m'étais consacré.

Mon enseignement était devenu le grand intérêt de ma vie. Je ne pouvais même pas concevoir de jouissance plus haute, dans l'ordre intellectuel, que celle de donner, comme j'essaye de le faire, une certaine trempe à des âmes que la Patrie a choisies parmi l'élite de sa jeunesse et qu'elle vous a confiées.

Ces âmes, je rêvais de les lui rendre largement ouvertes non seulement à l'amour de la France, mais à celui de la vérité et de la justice, de la tolérance et de la liberté, pleines de chaude et compatissante solidarité humaine, fermées à jamais, s'il se pouvait, aux suggestions de l'étroit esprit sectaire, au mensonge, à toutes les défaillances morales et à toutes les bassesses dont la laideur me paraît plus hideuse, quand c'est dans un soldat que je la rencontre. Demander à l'enseignement tant de choses est évidemment un peu chimérique. Mais celui-là seul est digne d'enseigner, dont le cœur recèle un grain d'apostolat...

J'avais un auditoire qui me semblait le plus

beau qu'on pût trouver en France et auprès
duquel pâlissaient à mes yeux toutes les Bo-
dinières, — un auditoire qui vibrait silencieusement aux idées que ma parole essayait d'exprimer. Et je ne demandais qu'à continuer
ainsi, sans bruit, ma modeste besogne jusqu'au
moment où j'aurais senti que mes forces n'é-
taient plus égales à la hauteur de mon dessein
et qu'il était temps de céder à un plus jeune
l'œuvre à laquelle j'avais voué ma vie.

*
* *

Une fois seulement, durant ces sept années,
j'étais sorti de la retraite où il m'avait plu de
me confiner.

C'était en 1895, au moment de la mort de
mon vénéré ami, le maréchal Canrobert. Un
journal, qu'on a vu depuis prendre sous sa
protection particulière « l'honneur de l'armée »
en la personne d'Esterhazy, — l'*Intransigeant*,
— se préparait alors à sa future fonction de
gardien de cet honneur en traînant dans la
boue la mémoire du maréchal. J'essayai de la
défendre, ou plutôt — car une telle mémoire
n'avait pas besoin d'être défendue contre de
telles attaques — j'éprouvai le besoin de dire

tout haut les sentiments que m'inspirait ce soldat, exemplaire achevé de vaillance et d'honneur.

Et quand j'eus payé mon tribut de respect et d'admiration au héros dont le journal de M. Rochefort ne laissait même pas refroidir la dépouille avant de la déchirer; quand j'eus dit de mon mieux que ce vieux chef n'était monté jusqu'à ce haut degré de noblesse morale où je le montrais parvenu, que parce qu'il avait porté à leur suprême expression ces vertus du soldat qu'on m'accusa depuis d'insulter, — j'estimai que ma tâche était terminée, et, de l'illustre maréchal dont je venais d'évoquer la belle vie, je revins à ma pépinière de jeunes officiers, je me remis à leur enseigner ce que je croyais le plus propre à allumer en eux la pure flamme dont avait été embrasée cette grande âme guerrière qui venait de s'éteindre. Et le professorat me reprit tout entier, comme il me reprendra demain.

En septembre 1898, un accident me condamna pour trois mois à l'inaction absolue. Durant la longue réclusion qui me fut impo-

sée, les heures, toujours semblables à elles-
mêmes, s'écoulaient avec une désespérante
lenteur. La méditation et la lecture m'aidaient
à en tromper la monotonie. On ne parlait alors
que de la découverte du faux commis par le
colonel Henry et de la fin tragique de ce malheureux. Plusieurs mois avant cet événement,
j'avais déjà commencé à concevoir des doutes
sur la culpabilité de Dreyfus. La divulgation
des procédés surprenants employés dans l'instruction ouverte en 1894 contre lui; la publication de l'acte d'accusation, dont le néant
m'avait confondu, puis de deux fac-similés qui
me parurent démontrer l'identité de l'écriture
du bordereau et de celle de l'auteur des abominables lettres à Mme de B...; l'impossibilité
absolue d'assigner un mobile quelconque à la
trahison de Dreyfus : telle avait été pour moi
l'origine de ces premiers doutes. La révélation du crime commis par celui qui avait été
le principal témoin à charge contre le capitaine
juif les aggrava sensiblement.

Je voulus comprendre et savoir. Je me mis
à lire tous les documents publiés depuis la
condamnation de Dreyfus sur le procès de 1894.
Je les lus méthodiquement, non pas pour me
distraire, non pas pour remplir, en repassant

négligemment les péripéties de ce drame, le vide de mes longues heures oisives, mais pour m'instruire, pour me faire à mon usage propre une opinion, — une opinion qui fût le témoignage même de ma raison, librement appliquée à cette énigme. Je tâchai d'échapper à toutes les influences qui auraient pu, à mon insu, incliner dans un sens ou dans l'autre l'indépendance — que je voulais complète — de mon jugement. J'étudiai loyalement l'affaire, avec la constante et unique préoccupation de dégager des ténèbres qui l'enveloppaient, mais qui depuis le procès Zola ne me paraissaient pas impénétrables, toutes les parcelles de vérité qu'une recherche attentive pouvait sans outrecuidance se flatter de saisir. Je fis, en un mot, ce que j'avais fait quelque vingt ans auparavant, lorsque rassemblant dans les archives de Rome les matériaux de l'histoire du cardinal Carlo Carafa, j'avais essayé d'éclaircir le mystère du dramatique procès — non pas plus poignant que celui de Dreyfus! — qui avait prématurément terminé l'aventureuse existence du neveu de Paul IV[1].

1. Voir : *Le cardinal Carlo Carafa*, étude sur le pontificat de Paul IV, 1 vol. in-8°, chez Hachette, chapitre XXIII.

On m'a depuis lors appris qu'en procédant à
cette recherche personnelle de la vérité, j'a-
vais fait preuve d'une intolérable présomption ;
que je n'avais pas le droit de concevoir des
doutes sur la justice d'une condamnation régulièrement prononcée ; que mon cas, comme
celui de tous les téméraires esprits qui s'étaient
laissé semblablement séduire à la tentation
d'examiner par eux-mêmes ce dont ils n'avaient
pas à connaître, constituait au fond une sorte
de rébellion contre les lois de mon pays... Je
pesai ces reproches. Il me parut que les voix
qui prononçaient l'anathème n'étaient pas celles
d'hommes de notre temps ; que ces voix, quelque éloquentes ou sincères qu'elle fussent, ex-
primaient les idées d'un passé très lointain, à
jamais évanoui, et dont, pour ma part, je ne
souhaitais pas la résurrection ; que si nos philosophes, nos écrivains, toute la longue et
glorieuse lignée de nos penseurs, enfin, avaient
tant travaillé à l'émancipation de la raison,
c'était apparemment pour que nous eussions le
droit de nous servir d'elle et de mieux goûter
par cela même le prix inestimable du bienfait
qui nous en a procuré le libre usage... Ces
modestes réflexions me consolèrent d'être
dédaigneusement traité d' « intellectuel » par

des hommes qui, en faisant de ce vocable une injure, ont le tort, à ce qu'il semble, d'oublier qu'eux-mêmes ne seraient rien, si l'intelligence ne leur avait précisément conféré les titres qu'ils possèdent à la considération que nous professons pour eux.

*
* *

Quand j'eus achevé de repasser la sombre histoire depuis ses origines, au mois d'octobre 1894, jusqu'au mystérieux épilogue qui quatre ans après s'était dénoué au Mont-Valérien dans le sang, je sentis que mes inquiétudes, mes doutes, avaient décidément pris corps et que je commençais à croire à l'innocence du condamné.

A partir de ce jour, la pensée qu'un homme avait subi le martyre de cette arrestation, de ce procès, de ce jugement, de la dégradation qui avait suivi le jugement ; que cet homme était depuis quatre ans à l'île du Diable, dans les conditions atroces qui avaient été révélées ; que jamais plus il ne devait sortir de cette géhenne, spécialement désignée et aménagée pour son supplice ; que cet homme enfin, sur qui pesait l'horrible fardeau de la haine de tout un peuple, n'avait probablement pas commis le crime dont l'abominable caractère aurait pu seul excuser tant de cruauté déployée dans le châtiment : cette pensée ne me laissa plus un moment de repos...

D'autres que moi, en grand nombre, ont franchi successivement les mêmes étapes : de l'inquiétude vague au doute; du doute sur la culpabilité, à la conviction morale — je ne dis pas, je n'ai jamais dit à la *certitude* de l'innocence; de la conviction à la pitié profonde; de celle-ci enfin, à la douleur, à l'indignation de voir qu'on voulait infliger à notre généreux peuple le déshonneur de le rendre complice d'un tel crime de lèse-justice et de lèse-humanité. Et c'est, je pense, le fidèle récit de ce qui s'est passé dans beaucoup d'âmes que je fais, en racontant tout simplement ce qui s'est passé dans la mienne.

Je me suis trop souvenu que ma vieille et chère Université m'avait autrefois enseigné :

Homo sum! humani nihil a me alienum puto.

Beaucoup d'autres — je parle ici de ceux des nôtres qui, dans cette crise, n'ont pas renié ses enseignements et son esprit — se sont trop souvenus comme moi de ce précepte, dans lequel un Latin formulait, il y a près de deux mille ans, l'exacte devise de ce qui fut et qui n'est plus, hélas! aujourd'hui, le génie de la France... Nous fûmes ridiculement sensibles et honteusement humanitaires. Ce crime méritait d'être expié. On nous l'a bien fait voir, n'est-ce pas, « byzantins décadents », « cosmopolites », « stipendiés du syndicat », — mes confrères!

De la pitié à l'indignation, disais-je. Il me restait une étape à franchir : celle qui sépare ce dernier sentiment de l'acte qui le traduit.

Alors commença pour moi une petite crise intime d'un autre ordre, sur laquelle il m'a été trop pénible d'avoir à m'expliquer publiquement[1], pour que je sois disposé à violer une seconde fois, en l'exposant ici de nouveau, la sorte de pudeur qui m'eût interdit d'en parler jamais si je n'avais pas été contraint de le faire... Je me serais probablement condamné, quoi qu'il m'en coûtât, à observer en me taisant, cette « correction » qu'on m'a reproché depuis d'avoir enfreinte. Mais, sur ces entre-

1. Voir : *Examen de conscience*, page 72.

faites, avait commencé la scandaleuse comédie qui précéda et assura le vote de la loi de dessaisissement. J'assistais au spectacle écœurant des basses dénonciations dirigées contre les membres de la Chambre criminelle. Je voyais les mêmes hommes qui se plaignaient avec raison qu'on outrageât l'armée, traîner dans la boue nos magistrats; une campagne de presse, dont la violence n'égalait pourtant pas la perfidie, se déchaîner contre eux; M. Quesnay de Beaurepaire, enfin, entrer en campagne de la façon que l'on sait... Un moment vint où le dégoût fut si fort en moi qu'il emporta, dans un irrésistible accès, mes derniers scrupules. Je résolus de reprendre, pour la mettre au service de mes idées, la plume depuis longtemps abandonnée.

Et c'est ainsi que parurent dans le *Figaro* les articles qu'on trouvera reproduits dans la première partie du présent volume, parmi beaucoup d'autres pages ayant trait, comme eux, à l'affaire Dreyfus, mais dont je crus devoir ajourner la publication jusqu'au moment où l'accalmie des esprits me permettrait de l'entreprendre sans que mon livre risquât de faire obstacle au bien désirable entre tous après une telle crise — l'apaisement.

Cette préoccupation était d'autant plus légitime que, écrites au jour le jour, sous l'impression immédiate des événements, quelques-unes de ces pages expriment les sentiments que certains faits ou que certains hommes ont pu m'inspirer avec une vivacité qui sent peut-être un peu la poudre de la bataille. Cette vivacité serait assurément déplacée si c'était une étude historique que j'eusse prétendu écrire, au lieu du simple carnet de notes qu'est une partie de l'ouvrage que je livre au public[1]. Je n'ai pas cru devoir l'atténuer, parce qu'en transposant dans un autre ton ces rapides impressions, j'en eusse diminué la sincérité, qui est vraisemblablement leur seul mérite. Je ne l'ai pas fait, enfin, en raison de cette considération décisive que la liberté de mes appréciations ne pourra plus, au moment où paraîtra l'ouvrage, avoir pour effet de ranimer la discorde heureusement assoupie. En revenant de la chasse, on brûle quelquefois, en la tirant en l'air, une dernière cartouche qui reste dans le fusil... C'est ce que je fais.

1. Il est ici question des *Notes sur le procès de Rennes,* qu'on trouvera dans la seconde partie du volume.

II

Si je publie ce livre, ce n'est point que j'aie la fatuité de croire que mon opinion personnelle sur les événements dont la France vient d'être le théâtre et la victime soit chose qui mérite grande considération et dont mes contemporains, à plus forte raison la postérité, ne puissent le plus aisément du monde se passer : je le publie pour deux raisons tout autres et décisives à mes yeux.

L'une m'est personnelle. Dans l'affreuse lutte enfin terminée, j'ai combattu. Il y a dans la vie d'un peuple des heures de trouble moral allant jusqu'à l'angoisse, où tout homme qui croit, d'une conviction forte, que certaines choses doivent être dites afin d'aider la conscience nationale à trouver la voie qu'elle cherche douloureusement, — où tout homme sincère et brave, dédaigneux des prudentes abstentions chères aux pusillanimes, a l'obligation de descendre sur la place publique, ses goûts fussent-ils d'accord avec les usages de sa profession pour l'en écarter d'ordinaire.

Ce serait une étrange conception, que celle

qui réserverait aux seuls politiciens ou aux seuls journalistes, c'est-à-dire à des conseillers d'une clairvoyance, d'une prudence, d'une sagesse, d'un désintéressement même, souvent suspects, le droit de s'adresser à l'opinion dans certains cas particulièrement graves. Dans ces cas-là, le premier de tous les devoirs devient le devoir civique. Il prend momentanément le pas sur tous autres devoirs, à plus forte raison sur toutes autres convenances auxquelles, dans la vie ordinaire, l'usage l'oblige à se subordonner. Condamner au silence, en un temps de crise nationale, des voix sincères et honnêtes, sous prétexte qu'il y a des carrières, autres que celle du soldat, à la porte desquelles on laisse à jamais la faculté de s'occuper des affaires publiques, — je ne puis pas concevoir une négation plus pharisaïque du droit de citoyen, surtout dans un État républicain où les affaires de la communauté sont, par définition même, la chose de tous.

J'ai donc cru que j'avais quelque chose à dire, et je l'ai dit. Or, des outrages sans nombre ont été déversés sur les défenseurs de la cause que j'ai servie. Il me plaît d'en appeler — de ces calomnies dont j'ai eu ma part — à l'équité aujourd'hui rassérénée, je l'espère, de mes concitoyens. C'est pourquoi je place avec confiance sous leurs yeux tout ce que j'ai écrit, à l'occasion de ce drame douloureux. J'insère en outre dans ce recueil divers morceaux composés à d'autres époques et sur d'autres sujets, parce qu'il me parut, en les relisant, que j'y avais d'avance répondu, de façon péremptoire, à certaines accusations dont le souvenir, quelque absurdes qu'elles fussent, ne laisse pas de m'être pénible.

Les chapitres consacrés dans la troisième partie au Drapeau, au maréchal Canrobert, aux Deux Frances, au duc d'Aumale, au commandant Marchand, montreront le « sans-patrie », « l'insulteur de l'armée » que je suis.

*
* *

L'autre raison que j'ai de publier ces pages m'est fournie par la conception que je me suis faite de ce qu'eût exigé l'honneur de la France dans cette crise. J'ai pensé, je crois encore aujourd'hui, que l'abandon par ma patrie des principes qu'elle a si hautement proclamés autrefois, ne pouvait avoir comme conséquence qu'une sensible diminution de sa grandeur morale.

Égarée par le sophisme des exigences d'un prétendu honneur de l'armée qu'on opposait à l'intérêt sacré de la justice; saturée de mensonges, forgés avec un art perfide qui révélait la connaissance approfondie des moyens d'agir sur la simplicité des masses (les *Lettres de l'empereur d'Allemagne*, le *Syndicat de trahison*, etc.); privée enfin par la cynique improbité de ses journaux de la connaissance de tout fait susceptible de provoquer en elle un éveil de sa conscience ou de sa raison, la majorité du peuple français a paru renier les plus nobles traditions de notre race. Les peuples étrangers surpris cherchent la France et, selon qu'ils l'aiment ou la détestent, se désolent ou se réjouissent de ne plus la retrouver. Il importe donc d'établir clairement aux yeux du monde qu'elle existe toujours, au moins dans le cœur de certains de ses enfants qui, comme les Vestales entretenaient le feu sacré, gardent et abritent précieusement en eux la pure flamme de son génie libéral et humain.

Je suis un de ceux-là, — le moindre. L'étincelle que j'ai prise au foyer, je la montre. C'est peu de chose, mais enfin c'est un signe de la vie persistante parmi nous d'idées très nobles qui, si menacées qu'elles soient, ne veulent et ne doivent pas mourir. Ce modeste ouvrage n'est qu'une façon de dire à ceux de mes concitoyens ou des étrangers qui, alarmés de tant d'inquiétants symptômes, — brutalité des mœurs, mépris du droit, réveil du fanatisme, — douteraient de l'avenir de notre pays :

« Rassurez-vous ! Malgré la tempête qui souffle, le foyer n'est pas éteint !... Nous arracherons la France à ceux qui par surprise se sont emparés d'elle, et qui un instant l'ont rendue méconnaissable aux yeux qui l'aimaient. »

Septembre 1899.

PREMIÈRE PARTIE

L'A LIGUE DE LA PATRIE FRANÇAISE

10 février 1899.

Fidèle à sa vieille et libérale tradition, le *Figaro* veut bien donner aujourd'hui la parole à un collaborateur hors cadres dont les idées, par conséquent, n'engagent que lui-même, et qui, les croyant saines, est bien aise de les exposer à cette tribune, d'où la voix porte loin.

Je voudrais dire quelques mots au sujet du rôle joué par la Ligue de la Patrie française dans la crise nouvelle qui va se dénouer aujourd'hui par un vote décisif de la Chambre[1]. S'il m'arrive, en les disant, de déplaire aux amis — dont quelques-uns très chers — que je compte dans ses rangs, je les prie de m'excuser. Le malheur des temps fait qu'on ne peut plus à cette heure avoir une opi-

---

1. Sur la loi dite de dessaisissement, destinée à transférer de la seule Chambre criminelle aux trois Chambres réunies de la Cour de Cassation, le soin de statuer sur la revision du procès Dreyfus.

nion et l'exprimer, fût-ce avec modération, sans irriter quelqu'une des opinions intraitables qui guettent la vôtre au passage. Mais ce même malheur des temps exige aussi qu'on n'hésite pas à déclarer loyalement ce qu'on croit juste et vrai, afin d'aider la conscience française à se reprendre, au milieu de l'effroyable débordement d'insanités, de dénonciations et de mensonges où elle flotte désemparée. Le manque à peu près général de loyauté est une des plaies dont nous souffrons et qu'il faudrait guérir.

***

Je ne suis pas de la Ligue de la Patrie française. Sa porte m'eût-elle été ouverte si j'y avais frappé, ou bien eût-on invoqué pour m'exclure des raisons analogues à celles qui ont motivé l'excommunication fulminée contre l'honorable M. Hervé de Kérohant? Je l'ignore. L'idée de m'en assurer ne m'est pas venue. J'ai lu le manifeste de la Ligue. Il m'a paru manquer de netteté, — j'allais dire de franchise. J'ai regardé la liste des signataires de ce manifeste. Ai-je besoin de dire qu'il y a parmi eux des hommes que j'aime et que j'honore? Oui, mais l'un de ces hommes-là avait déjà donné son nom et son offrande à cette étrange souscription Henry, — et cela me chagrinait un peu.

Un autre signataire m'avait écrit, quelques mois

auparavant, pour m'offrir de participer à une campagne contre les protestants, dont il m'exposait le plan avec une tranquille inconscience de sectaire : j'avais décliné, non sans motiver énergiquement mon refus, toute collaboration à cette besogne malfaisante et stupide. Ainsi, manifeste équivoque, où la pensée secrète des chefs n'osait pas se formuler encore mais se laissait déjà deviner; signataires, dont quelques-uns au moins étaient suspects à mes yeux d'apporter à la Ligue, soi-disant de réconciliation nationale, tout autre chose qu'un esprit d'apaisement et de concorde : je résolus donc de m'abstenir.

Mais, comme il m'en coûtait tout de même un peu de ne pas aller au drapeau — au cher, au bienaimé drapeau qu'on agitait bruyamment devant moi en appelant les bons Français à sa défense — je me demandai si c'était quelque tiédeur de ma foi patriotique qui m'empêchait d'accourir à cet appel de clairon. Je fis mon examen de conscience, j'embrassai d'un coup d'œil ma vie passée — et je fus bientôt rassuré.

Je constatai d'abord que je n'avais pas attendu jusqu'à la présente et maudite année pour découvrir le patriotisme; que j'avais, comme beaucoup d'autres, aimé la patrie en 1870 de la façon qui convenait en ce temps-là; que j'avais fait de mon mieux depuis lors pour lui être un serviteur utile dans le poste qu'elle m'a confié, parmi les éducateurs de sa jeunesse militaire... Et de tout cela je conclus qu'on pouvait aimer profondément la France et son armée sans être obligé d'adhérer à cette Ligue qui oubliait de nous dire — chose pourtant essentielle à savoir, dans l'occurrence très particulière où elle venait de se fonder — ce que ses promoteurs pensaient du respect qu'un bon citoyen doit à la justice de son pays et aux magistrats chargés de l'administrer.

*
* *

Et si d'aventure j'avais agi autrement, si je m'étais fait ligueur, il me semble que j'éprouverais aujourd'hui quelque regret, quelque confusion même, comme il est naturel qu'en ressente un honnête homme qui s'aperçoit qu'on a un peu abusé de sa candeur.

Cette pensée secrète, dont le manifeste du début escamotait prudemment l'expression, et qui se laissait à peine entrevoir dans l'éloquent discours de celui de ses parrains qui présenta officiellement la Ligue au public avec toute la dextérité de son talent, — nous la connaissons maintenant.

Profiter de la colère causée par les attaques que de bien maladroits partisans de Dreyfus dirigent avec un criminel acharnement contre l'armée; capter la force constituée par le sentiment national, cruel ment blessé dans sa fibre la plus sensible ; jeter à ce peuple justement irrité un appel retentissant, le convier à la défense de l'armée, fille de ses entrailles, *et ne le convier en apparence qu'à cela;* — puis, les adhésions recueillies, et elles ne pouvaient pas ne pas être innombrables, démasquer peu à peu, en une série de gradations savantes, la pensée intime et profonde qui, révélée de prime abord — ainsi qu'une loyauté scrupuleuse l'exigeait peut-être, — eût fait reculer beaucoup de braves gens; dresser en un mot une machine de guerre destinée à battre en brèche l'œuvre de la revision : tel est bien le but que se proposent, sinon la Ligue elle-même, qui n'est qu'un instrument, du moins ceux qui la dirigent et qui parlent en son nom.

Et je dis que ces hommes ont — entre autres mérites que j'admire en eux — celui de bien connaître leur temps.

Ils savent que la pusillanimité est reine et impépératrice du monde politique. Admirez donc l'adresse de la combinaison qui consista d'abord à recruter les gros bataillons de la Ligue en leur dissimulant toute une partie, et non la moins importante, de la besogne à laquelle on allait les employer, — puis à peser de tout le poids de ces masses sur les frêles résolutions du pouvoir, dans l'espoir, qui n'a pas été déçu, de le terroriser... Et c'est pourquoi nous assistons depuis quelques jours au spectacle que voici. La Ligue de la Patrie française en tenue de campagne attend, l'arme au pied, qu'on lui donne le signal de courir à la défense de l'armée, — à moins que ce ne soit à l'assaut de la magistrature. Ses gén‹raux caracolent sur le front de bandière, lançant d'un ton de plus en plus impérieux et menaçant des proclamations, des ultimatums, des promesses : la présidence de la République, les Toisons d'or et les Annonciades futures, à qui aura bien mérité de la Ligue ! Sur les flancs, en tirailleur, simarre lestement retroussée, ce magistrat qui s'est vraiment un peu trop pénétré de l'axiome de Cicéron : *Il faut qu'il y ait, dans une république, des délateurs.* Devant cette armée, le gouvernement effaré recule, livrant la forteresse qu'il avait juré de défendre et sur le seuil de laquelle il eût été glorieux pour lui de succomber... Mobilisation de la Ligue; cris d'orfraie du dénonciateur monomane, succédant, juste à point, au susurrement préparatoire des journaux affidés; sommations hautaines au Cabinet; enquête de la Chambre criminelle, revision, tout remis en question; l'affreux cauchemar, qui allait enfin se dissiper, retombant plus lourdement que jamais sur nous : telle est l'œuvre accomplie au nom de la « Patrie française ». Je me permets de penser que c'est d'autres choses, peut-être, que cette pauvre patrie avait besoin.

*
* *

Le ministère a donc capitulé, et la Chambre se prépare, dit-on, à l'imiter en votant, la mort dans l'âme, une « loi de circonstance ». On veut bien nous faire espérer que cette loi de dessaisissement ne sera d'ailleurs pas tout à fait aussi monstrueuse que la Ligue l'exige[1]; et cela sans doute est consolant.

Reste à savoir s'il ne serait pas plus habile, en même temps que plus digne pour le Parlement, de ne pas capituler du tout.

Car enfin — il faut bien ici remonter à la source de toutes nos misères, au maudit procès de 1894, — si Dreyfus est innocent, malgré tout, nous finirons bien par le savoir.

Or, s'il venait à nous être démontré que depuis un an on nous ment effrontément; que nos directeurs de conscience ordinaires n'ont usé de leur crédit auprès de nous que pour nous duper; que nos représentants n'ont émis que des votes destinés à couvrir le dol et l'iniquité, nous ne serions pas très satisfaits, j'imagine. Nous demanderions compte aux trompeurs de leur longue tromperie. Nous rougirions d'avoir abandonné pendant si longtemps la pratique de vertus qui autrefois nous·

---

1. On avait demandé que l'enquête commencée par la Chambre criminelle fût annulée et reprise à pied d'œuvre.

1.

étaient chères, qui constituaient les titres de noblesse les plus authentiques de la France dans le monde : la Mansuétude et la Pitié, la Tolérance, la Justice. Nous ne pardonnerions pas à ceux qui auraient jeté des pavés sur la vérité pour l'empêcher de sortir de son puits... Or, c'est précisément un de ces pavés qu'on vous demande de lui asséner aujourd'hui, ô législateurs!

Si vous êtes des hommes fermes sur les principes, raidissez-vous donc pour la défense de la loi! Que nous restera-t-il, si de vos propres mains vous sapez cette dernière assise de notre société branlante ? L'œuvre anarchique par excellence, n'est-ce pas celle à laquelle on vous convie ?

Si vous n'êtes que des politiciens avisés, aimant à conduire prudemment votre barque, songez, je vous prie, à ces lames de fond qui, sous le coup d'une grande émotion, soulèvent quelquefois la conscience française! Si Dreyfus est coupable, le dessaisissement déguisé qu'on vous propose de voter n'entraînerait pour vous qu'un peu de déshonneur: et ce n'est pas là, j'en conviens, de quoi compromettre une « situation politique ». Mais êtes-vous sûr que Dreyfus soit coupable ? Là est la question.

Un esprit ingénieux et charmant, qui depuis quinze ans nous explique qu'il faut douter de tout et de ses propres affirmations mêmes — quand il daigne affirmer, — M. Jules Lemaître, est à peu près seul aujourd'hui à ne pas admettre que cette tragique affaire puisse inspirer des doutes: il y a des grâces d'état pour les professionnels du scepticisme, des revanches de la crédulité, qui se traduisent en actes de foi vraiment inattendus. Je voudrais pouvoir consulter l'âme de Renan sur ce cas particulier de son brillant disciple...

Mais vous, législateurs, qui n'estimez pas, je suppose, qu'il y ait orgueil intellectuel, outrecuidance de lettré ou de savant, à se servir tout simplement de ses yeux pour voir et de ses oreilles pour entendre, êtes-vous sûrs que Dreyfus soit coupable, en êtes-vous aussi sûrs que ce penseur ondoyant qui n'avait jamais été sûr de rien, avant que M. Cavaignac lui eût communiqué, avec toute l'autorité d'un sens critique qui a fait ses preuves, cette certitude spéciale?

*
* *

Eh bien, si cet homme par hasard n'était pas coupable, prenez garde, vous tous qu'intéresse la connaissance du vent qui soufflera demain!

Dreyfus non coupable: quel cinquième acte de d'Ennery aura jamais égalé en pathétique ce dénouement? Et vous croyez que ce peuple sensible, qui pleure de vraies larmes au spectacle de malheurs imaginaires, qui s'indigne sincèrement à la vue des persécutions infligées à une innocence de mélodrame, ne serait pas ému, ne serait pas indigné, en apprenant que le Traître n'était qu'un malheureux indûment condamné ? Il a bon cœur, ce peuple qu'on travaille à rendre féroce : rien, absolument rien, ne pourrait dans ce cas contenir l'irrésistible explosion de sa pitié. Beaucoup le savent, dans l'acharnement desquels il entre de secrètes inquiétudes... Non sans raison, car cette pitié pour *la victime* — si victime il y a — sera, en vertu même du fonctionnement invariable de la sensibilité populaire, accompagnée de ressentiment contre *les bourreaux*. Entrez à l'Ambigu vers onze heures du soir, si vous en doutez.

Lors donc que l'on ose vous dire : « Votez le dessaisissement, ou gare les élections ! » on ment. La vérité est que la terrible énigme va être résolue. Si elle l'est dans le sens de l'innocence de Dreyfus, l'affirmation de cette innocence ne saurait manquer d'être accompagnée de preuves contre la force desquelles rien, pas même la Ligue de la Patrie française, ne pourra prévaloir. Dans ces conditions, on peut affirmer que l'opinion publique, déjà fort ébranlée, sera, dans les quinze jours qui suivront l'arrêt, retournée « comme un gant ».

Et dans six mois, la plus efficace des réclames électorales sera peut-être de pouvoir dire :

« Citoyens, on a essayé de flétrir des magistrats sans reproche afin de les punir d'avoir travaillé courageusement à la manifestation de la vérité.

J'ai voté contre la loi de circonstance proposée, parce qu'elle n'était, au fond, qu'un hypocrite attentat contre la Loi ! »

Messieurs les députés, le péril dont on vous menace n'existe pas : c'est le cas d'être braves !

VÉRITÉ

22 février 1899.

Des hommes, qui croient sincèrement être de bons Français et de bons citoyens, se sont réunis pour gémir ensemble sur la chose publique. Au milieu du vacarme effroyable qui assourdit nos oreilles, cris de guerre, invectives, dénonciations, ils ont joué un air de flûte, sur un mode très doux et très triste. Les paroles qui accompagnaient cet air disaient: « Nous aimons et nous respectons l'Armée; nous voudrions bien qu'il nous fût permis de respecter et d'aimer aussi la Justice... » Cette prétention parut impertinente à beaucoup. « De quoi se mêlent ces gens-là? » grondèrent quelques-uns. « Combien les a-t-on payés? » insinuèrent d'autres. Car telle est la douceur présente de nos mœurs. Et l'Appel à l'union, qui fut publié il y a quelques semaines, parut aux fortes têtes des partis belligérants une petite musique de peu de conséquence. Quelle considération voulez-vous que les grosses caisses aient pour les flûtes?

Il faut croire cependant que la note donnée par cet Appel était juste, car voici qu'elle éveille un écho assez inattendu. D'autres hommes, qui n'ont de commun avec les premiers qu'un égal amour du bien public, une égale douleur inspirée par l'affreuse détresse de ce pauvre pays désemparé, — des catholiques, des membres du clergé, — se sont eux aussi réunis.

Comme les signataires de l'Appel à l'union, ils ont mis en commun leurs angoisses, leur désir d'apporter une bonne parole à leurs concitoyens, une parole de paix, non de haine et de guerre. Leur manifeste, signé de noms justement estimés, vient de paraître. Or ce manifeste « pour la défense du droit » s'inspire du principe que l'Appel à l'union a eu l'honneur de poser loyalement : respect égal à l'Armée et à la Justice ; pas de loi d'exception, et par conséquent pas de dessaisissement de la Chambre criminelle...

Ces hommes, évidemment, ont l'âme « dreyfusarde », diront les enragés qui sont, hélas ! légion aujourd'hui. D'autres, dont je suis, penseront au contraire que leur courageuse initiative — puisque le malheur des temps est tel qu'il y a *courage* à faire profession d'aimer la justice et de respecter la loi ! — les honore grandement.

Je n'ai point qualité pour donner des conseils

au parti catholique. Il me semble toutefois qu'il n'était pas bon pour lui de paraître dans la présente crise faire tout entier campagne avec les violents. Et beaucoup d'excellents chrétiens, qui peut-être jugeaient dans leur for intérieur cette attitude militante peu conforme aux prescriptions du véritable esprit évangélique, estimeront sans doute que MM. Paul Viollet, H. Saint-René Taillandier et leurs amis, curés, professeurs à l'Institut catholique, ont bien fait de montrer que si la modération, l'amour de la vérité et de la justice, l'obéissance aux lois sont à peu près bannis à l'heure présente de cette terre de France qui leur était jadis hospitalière, des croyants sincères sont disposés, tout comme les libres esprits qui ont lancé l'Appel, à donner dans leurs cœurs asile à ces vertus aimables.

* *
*

Deux doctrines sont donc en présence. L'une, celle de l'Appel à l'union et du Comité « pour la défense du droit », qui réprouve énergiquement les odieuses attaques dirigées contre l'Armée, espoir sacré et légitime orgueil du pays, mais qui veut en même temps que la lumière se fasse, que les magistrats et que la loi soient respectés; — l'autre, celle de cette Ligue de la Patrie française, dont les actes récents, les imprudentes paroles —

qu'on essaye d'atténuer aujourd'hui — révèlent suffisamment les tendances[1].

Or, une très grave question se pose, qui mérite d'être examinée : est-ce de l'esprit de l'Appel à l'union ou de celui des moutons enragés de la Ligue que le Sénat doit s'inspirer, dans la discussion qui va prochainement s'ouvrir sur cette loi de dessaisissement, en faveur de laquelle un seul argument sérieux et honnête — les autres n'étant qu'hypocrisie — peut être raisonnablement invoqué?

« L'extension de juridiction », comme dit l'ingénieux euphémisme gouvernemental, ajoutera, nous dit-on, à l'autorité de l'arrêt. Rendu par les trois Chambres, l'arrêt aura donc bien la vertu d'apaisement dont nous devons souhaiter tous qu'il soit pourvu. Dans ces conditions seules, il sera l'arrêt « libérateur » qui dissipera le mortel cauchemar qui nous étreint...

Et cette espérance est si douce à nos pauvres cœurs oppressés, que si vraiment on pouvait

1. Elles ont été depuis révélées plus clairement encore, s'il faut en croire ce mot, — qui me paraît vraisemblable, mais dont je ne saurais garantir l'authenticité, — qu'un rapport de police attribue à l'un de ses chefs : « *Déroulède fera marcher les faubourgs. Nous, nous ferons marcher les gens en redingotes et en chapeaux hauts de forme, qui, sans nous, n'auraient pas songé à bouger.* » (Rapport rédigé par M. Hennion à l'occasion du procès de la Haute Cour.) Le mot aurait été dit à la date du 20 février 1899.

attendre du dessaisissement un pareil bienfait, je dirais : « Eh bien, oui, faisons une loi de circonstance, quel que soit le péril d'ouvrir une brèche par laquelle beaucoup d'autres choses passeront, sous le couvert de ce funeste précédent ! Infligeons la plus injuste des humiliations aux magistrats de la Chambre criminelle, traitons-les comme s'ils avaient démérité, eux qui peuvent regarder de si haut leur accusateur : ces dignes magistrats sont d'assez bons Français pour sacrifier, dans l'intérêt de la Patrie, la légitime fierté d'une conscience qui n'a jamais failli. Ils accepteront, ils demanderont eux-mêmes qu'on leur adjoigne leurs collègues des deux autres Chambres !... »

Oui, mais est-il bien sûr que le dessaisissement nous procurera ce bien inestimable de l'apaisement ?

Je déclare que je m'inclinerai avec une absolue docilité devant l'arrêt des trois Chambres réunies, comme je me serais incliné devant celui de la seule Chambre criminelle. Je crois fermement qu'un grand nombre de bons citoyens sont dans les mêmes dispositions ; je suis convaincu, notamment, que pas un des signataires de l'Appel à l'union ne songerait à protester contre la sentence ainsi rendue. Jamais je ne ferai aux honorables membres de la Chambre civile ou de la Chambre des requêtes l'affreuse injure, non pas même de dire, mais de penser en moi-même que leur conscience d'intègres magistrats puisse vouloir que le dernier mot, dans cette tragique affaire, ne reste pas à la vérité et à la justice.

Seulement, est-il bien sûr que nous serons imités par tout le monde?

***

Or, je défie qu'on explique l'acharnement de la campagne, menée avec un si répugnant mélange de perfidie et de violence contre la Chambre criminelle, par une considération autre que la secrète espérance de trouver dans les deux Chambres dont on réclamait l'adjonction, précisément les mêmes dispositions *contre* la revision qu'on reprochait à la majorité de la Chambre criminelle d'avoir eues *en faveur* de cette même revision. Imaginez-vous, par hasard, que les forcenés capables d'avoir entrepris une pareille campagne se tiendront tranquilles, si l'injurieuse espérance qu'ils ont fondée sur la partialité des deux Chambres venait à être déçue, et si l'arrêt, d'aventure, était autre que celui qu'ils réclament? Allons donc! S'incliner, céder, renoncer à la lutte féroce! Jamais! Songez donc qu'ils ont avec eux M. Quesnay de Beaurepaire. Et M. de Beaurepaire est un homme précieux... Il n'a pas tout dit, tout « sorti », ce juste! Pour la circonstance, n'en doutez pas, il dira, il « sortira » quelque chose encore. Ses poches sont pleines, vous dis-je!

Ne nous promet-il pas pour bientôt quelques « révélations » supplémentaires sur le Panama? Attention charmante! La cuisine politique qu'on nous sert depuis quelques mois apparemment était fade. Le besoin de la relever d'un grain ou deux de Panama se faisait généralement sentir...

Béni soit le bon citoyen qui consacre ses veilles studieuses à nous préparer ce ragoût — encore qu'il y ait quelque chose d'un peu inattendu dans le fait que c'est un ancien président de Chambre à la Cour de cassation qui se dispose à nous le servir! Loué soit le magistrat qui vient de forger l'arme empoisonnée avec laquelle on essaye déjà de frapper notre nouveau Président, plus lâchement que Caserio n'avait frappé l'autre! M. Quesnay de Beaurepaire et ses impresarios veillent sur l'arrêt de la Cour, Chambres réunies ou non... Ah! le bel apaisement que nous aurons!

*
**

Dans ces conditions, le Sénat peut très raisonnablement penser qu'une loi de circonstance aussi grave, aussi inquiétante que celle-là, est sans excuse si elle n'apporte pas au moins, pour racheter son vice originel, la sûre garantie des avantages qu'elle prétend procurer. Or, attendre de la résignation des partis aux prises l'apaisement, espérer que ces fous furieux désarmeront devant une sentence, fût-elle prononcée par la totalité des membres de notre plus haut Tribunal, c'est, je le crains bien, une chimère.

Il n'y a qu'une seule force au monde capable de prévaloir contre la frénésie dont notre peuple — notre peuple si sensé, autrefois! — est atteint. C'est la force de l'auguste et irrésistible Vérité. La pacificatrice unique, la voilà! Dessaisissez ou ne dessaisissez pas, au fond, peu importe. Mais donnez-nous, ô législateurs, la vérité; donnez-la-nous dans sa splendeur, cette splendeur dût-elle être terrible! Donnez-la-nous tout entière, afin que nous puissions boire à longs traits son vin réconfortant: si nous agonisons, c'est d'en être privés.

PATRIE

3 mars 1899.

Bons Français qui me lirez, méditez cette petite histoire!

J'étais dans la rue l'autre jour, le jour des obsèques du Président; et j'admirais combien la saison, égayée déjà d'un premier sourire de printemps, le joli ciel d'un bleu fin, le clair soleil s'étaient mis en frais pour procurer à ce mort, qui avait tant aimé les pompes, une pompe dernière dont la splendeur consolât un peu sa pauvre âme, ennuyée sans doute d'un si brusque passage dans l'égalitaire royaume où le protocole ne va pas.

Comme tout le monde, je regardais défiler la troupe. Un brave homme, près de moi, très convaincu me dit :

— Des lapins, ces marsouins!

J'approuvai, d'un mouvement de tête qui signifiait que ce jugement me paraissait équitable.

— Vive l'Armée! cria mon voisin.

Puis, me regardant d'un air quelque peu scandalisé : « Vous ne criez pas : Vive l'Armée? » me dit-il.

— J'attendrai, pour le faire, que les mots aient repris leur sens ordinaire, lui dis-je ; et, voyant qu'il ne comprenait pas très bien, j'ajoutai : « Vive l'Armée ne veut pas dire : Vive l'Armée... Ça signifie à bas toutes sortes de choses que je ne tiens pas du tout, pour mon compte, à abattre... »

A ce moment, un régiment arrivait avec son drapeau.

Je me tus. Je sentis soudain, au plus profond de mon être, quelque chose que je ne puis définir et que je connais bien pourtant, la poussée obscure d'une source d'irrésistibles larmes qui montaient, montaient, voulaient jaillir... Je me découvris. Je demeurai là, tête nue, devant le Saint Sacrement de ma Patrie qui passait.

Quand mes yeux se détachèrent enfin des trois couleurs, je vis que mon voisin m'observait de l'air d'un homme qui cherche à résoudre un problème difficile. Et sa physionomie perplexe exprimait très clairement ceci : « Quelle drôle de chose de saluer le drapeau, d'avoir les yeux rouges en le regardant, et de ne pas crier : Vive l'Armée ! » Je compris que j'étais pour ce brave homme une sorte de paradoxe vivant, un mystère. Et je m'y résignai. Un remous de la foule nous sépara. Qu'a-t-il bien pu, finalement, penser de moi? Je ne suis pas rassuré. « Encore un de ces sales intellectuels! » a sans doute conclu ce patriote.

***

Le lendemain, j'avais à parler devant un auditoire militaire. Le sujet de ma conférence était l'Idée de Patrie. A des gens dont la fonction propre est de se faire casser la tête pour la Patrie, il ne faut pas craindre de rappeler souvent les raisons pour lesquelles cette Patrie mérite en effet qu'on meure — et joyeusement! — pour elle.

Je disais donc que le sol de notre douce France est une chose sacrée, parce que ceux de qui nous venons ont prodigieusement peiné sur lui, afin d'en rassembler et unir pour nous les parties. Ces efforts et ce sang qu'il a coûté et qui le sanctifient, nous les lui devons à notre tour, et nos enfants les lui devront après nous — éternellement — chaîne mystique qui, à travers les âges, relie les unes aux autres les générations de notre race et en assure la durée.

Je parlais de ce grand morceau qu'on nous en a pris, il y a vingt-huit ans, de cette entaille cruellement faite dans notre chair vive, de la souffrance que nous devons en garder à jamais.

Et je savais bien que c'étaient là des lieux communs, que ces choses avaient été déjà mille fois dites et mieux dites. Néanmoins, il me semblait bon de les redire encore. Je pensais qu'il y a des lieux communs qui sont d'une beauté toujours fraîche. C'est chose très banale aussi que ces trois mots : « J'aime ma mère! » Mais il y a une façon de les dire, un accent qui les rajeunit. Il suffit pour cela d'aimer beaucoup sa mère.

Tout en parlant, je promenais mes regards sur le vaste amphithéâtre. Ils étaient là, devant moi, plus de deux cents, soldats aujourd'hui, officiers demain, pris dans l'élite de notre jeunesse, venus des quatre coins du pays, anciens élèves de nos lycées ou de la rue des Postes, catholiques — tièdes ou fervents, — un petit lot de protestants et d'israélites, tous de cœur profondément français, les derniers comme les autres!

Ils écoutaient avec une sorte de piété intense et recueillie, que ne méritait certes pas la parole quelconque qui frappait leurs oreilles, mais dont étaient dignes les choses que cette parole leur disait. Et si vous les aviez vus, les yeux ardents, l'air très grave, le pli d'une pensée très tendue sillonnant leur front, vous comprendriez qu'il n'est pas, dans l'ordre intellectuel, de satisfaction plus haute que de travailler à donner aux âmes de cette élite de notre jeunesse militaire une certaine trempe — dont la France un jour peut-être profitera.

Et quand j'eus fini de leur parler de la Patrie
visible, je leur parlai de l'autre, qui n'est que le
prolongement de la première dans le monde
auguste des idées.

Je leur rappelai que nos pères nous avaient légué
un certain nombre d'idées, filles de leur généreux
esprit; que nous étions comptables de ce dépôt,
sacré lui aussi; que nous devions le transmettre à
nos enfants non pas seulement intact, mais enrichi.

J'affirmai qu'il y a des provinces morales qui
doivent nous être aussi chères que notre chère
Alsace et que notre chère Lorraine. Et je prononçai
avec respect leurs beaux noms : Liberté, Justice,
Fraternité, chaude et compatissante Solidarité
humaine. Je pris à témoin ceux qui les ont décou-
vertes et conquises, nos ancêtres au grand cœur,
qu'elles sont, elles aussi, la Patrie! Je dis que l'une
d'elles, la Tolérance, était aujourd'hui menacée, et
que le devoir impérieux de tout bon citoyen était
de lutter désespérément contre le réveil bestial du
fanatisme. Je déclarai que je ne pouvais pas concevoir une tentative plus impie que celle de pousser
notre peuple à renier les plus nobles traditions de
son passé. J'évoquai l'image d'une France, non pas
telle que des malfaiteurs publics nous la font, avec
ce masque convulsé de Méduse sous lequel le

monde étonné ne la reconnaît plus, mais avec la face auguste et sereine que ceux de 89 avaient rêvée pour elle.

*
* *

Je sortis. Et tout à coup je songeai que je n'étais d'aucune des Ligues « patriotiques » qui se sont constituées pour sauver la Patrie et qui venaient de se signaler par des paroles ou des actes d'un « patriotisme » si pur et si éclairé : insultes et menaces au chef de l'État, embauchage clandestin ou public d'officiers et de soldats, invite à la troupe de marcher sur l'Élysée, au risque de rencontrer devant elle soit des citoyens, soit d'autres soldats qui voulussent l'empêcher d'accomplir cet exploit... Il me revint à l'esprit que c'était par milliers qu'on avait adhéré à ces Ligues. Et je n'en étais pas ! La pensée de mon isolement m'accabla. Je me rappelai que la veille ma conduite avait déjà paru suspecte à un bon Français, membre évidemment de l'une au moins de ces Ligues.

Et, puisque par malheur j'avais une conception du patriotisme si profondément différente de celle des représentants attitrés de cette foi, avec angoisse, je me demandai si j'étais patriote.

*
* *

Je rencontrai un mien ami, professeur de philosophie, homme très averti des choses de ce monde, encore qu'il ait toujours un peu l'air de descendre de Sirius, et je lui confiai le doute affreux qui m'étreignait. Ce sage daigna sourire et me répondit :

« Il faut dans un État bien ordonné des Ligues. Il en faut, d'abord parce qu'il y a beaucoup de braves gens que le besoin d'être utiles tourmente et qui, ne trouvant pas en eux-mêmes de quoi le satisfaire, croient servir à quelque chose en se confédérant. Et si c'est là peut-être une illusion, elle est parfaitement respectable.

« Il faut des Ligues, parce qu'il y a une multitude d'âmes moutonnières, ignorantes des joies fières de l'isolement, et qu'un instinct pousse à s'agglutiner les unes aux autres, ne fût-ce que pour former un flasque et inutile mastic humain.

« Il en faut, parce qu'il y a d'autres âmes que meut au contraire le goût des beaux gestes tribunitiens, des harangues sonores : et si ces bergers n'avaient pas un troupeau qui les suivît, ils auraient l'air un peu bête en agitant frénétiquement leur houlette dans la solitude. S'il se rencontre un de ces hommes ayant en outre dans le cœur quelque chose de chevaleresque, et si cet homme commet une énorme sottise qui doit être réprimée, il convient que la punition de ce magnanime écervelé soit très douce : car les paladins ont ceci pour eux, même quand ils sont un peu encombrants, d'être des paladins, c'est-à-dire des débris d'une époque disparue, — ce qui leur donne droit aux mêmes égards que les vénérables mégathériums obtiennent justement dans nos musées...

« Il faut des Ligues, parce que sans elles beaucoup de mitrons, que l'amour du bien public embrase, ne trouveraient pas dans l'État l'emploi de leur généreuse activité. Il en faut encore, parce qu'il y a des messieurs subtils à la sagacité desquels n'échappe aucun des avantages que procure en ce monde l'emploi des marchepieds, — à commencer par celui de grimper dessus pour dire avec autorité : « Nous voulons ! » ou : « Nous ne voulons pas ! » à son pays.

« Enfin, mon fils, apprends — et puisse ce dernier mot te rassurer tout à fait ! — apprends que nous sommes quelques milliers en France, instituteurs, professeurs de l'enseignement secondaire ou supérieur, tout le corps enseignant, en un mot, qui, sans fracas, modestement, obscurément, travaillons avec persévérance, comme tu as travaillé toi-même aujourd'hui, à faire aimer la France. Tu vois bien que tu es patriote !... Et il pourrait se faire que cette Ligue, dont tu es sans y penser — et qui a l'avantage de ne pas être une Ligue ! — fût la meilleure des Ligues. Ainsi soit-il. »

L'HONNEUR LE VEUT

9 mars 1899.

L'autre jour, je lisais un livre où il était question de ces terribles mercenaires de la guerre de Trente ans, qui reprirent au XVIIe siècle, en y ajoutant un élément de brutalité tudesque, la tradition des condottieri italiens du XVe et du commencement du XVIe siècle. Gens de sac et de corde, sans foi ni loi, malandrins ayant abandonné la caverne pour le camp, ils se battaient pour le compte du plus offrant et aimaient la guerre non seulement parce qu'elle leur servait de gagne-pain, mais aussi et surtout parce qu'ils voyaient en elle un perfectionnement du brigandage. C'était la cour des Miracles enrégimentée, une république de larrons armés, braves pour le pillage, disciplinés pour la dévastation...

Dans la rue, la voix éraillée d'un camelot aboyant le titre d'un journal interrompit ma lecture. J'ouvris ma fenêtre. Je vis que la « manchette » du

journal portait en lettres grasses ces mots : « Révélations d'Esterhazy ». Soudain une maigre
figure, au profil busqué d'oiseau de proie, passa
devant les yeux de ma pensée. La tête inoubliable
de l'énigmatique commandant m'apparut dans sa
laideur superbe et terrible, coiffée du feutre à
longue plume que portaient les soudards de Wal-
lenstein, vociférant en une langue étrangère des
mots rauques. Et je me demandai pourquoi la Providence avait voulu que l'âme de ce reître revînt
vivre parmi nous.

*
* *

Ces « révélations », je voulus les lire aussitôt.
Et une douleur poignante me serre encore le cœur,
en pensant à ce que j'y trouvai.

Sans doute, il ne m'appartient pas de chercher
è établir quelle est dans ce factum la part de la
vérité et la part du mensonge. Nous avons des
juges pour cet office. Ah! comme je les plains et
que la besogne est cruelle! Plus d'une fois, j'imagine, le rouge de leur robe a dû monter au front
de ces magistrats, s'ils sont, comme j'en suis sûr,
bons Français! A eux, et à eux seuls, de nous dire
ce qu'il faut penser au juste des surprenantes
affirmations contenues dans cet écrit.

Mais qui donc, ayant lu ces pages venimeuses,
oserait dire de bonne foi que certains passages
n'y sont pas marqués de l'indubitable accent de la

vérité? L'imprudente main qui si longtemps avait caressé et protégé la bête s'est lassée, à la fin, de la couvrir : la bête irritée se redresse, bave et mord. Non, non, le cri qu'elle vient de pousser ne trompe pas! Cri de rage, soit! Mais il y a des notes sincères, dans ce long hurlement d'animal blessé, furieux de sa blessure, et qui veut blesser à son tour. Libre à ceux qui depuis un an nous présentent cet homme comme l'intéressante victime d'une machination scélérate, — libre à eux d'atténuer, s'ils le peuvent, ce formidable témoignage!

— Rien de nouveau dans tout cela! dit l'un.

— Simple roman-feuilleton, ricane l'autre. Du mauvais Ponson du Terrail!

Et l'on se gausse des histoires de fausses barbes et de lunettes bleues qui ornent ce récit.

Je suis obligé d'avouer que la prose du commandant ne me paraît pas si plaisante que cela, et je me figure que je ne dois pas être seul de cet avis.

Parmi beaucoup d'obscurités et sans doute d'impostures, un point, en effet, est mis en pleine lumière par la déposition du commandant, — puisque ces « révélations » ne sont en somme que la reproduction du témoignage qu'il a fourni devant la Chambre criminelle.

Du jour même où les premiers soupçons commencèrent à se condenser en accusation précise contre lui, une protection occulte, puissante, infatigable le couvrit. Cette protection lui demeura fidèle dans chacune des péripéties du sombre drame dont il est un des acteurs.

Et qu'une telle protection ait été accordée à un client si suspect; qu'on ait cru qu'il importait à l'honneur de l'armée de défendre par tous les moyens cet homme-là; qu'on ait poussé l'acharnement de cette folle défense jusqu'à ne pas voir l'effroyable péril dans lequel on jetait notre pauvre armée en la solidarisant, elle si saine! avec ce membre qu'il fallait résolument amputer au premier soupçon de gangrène : c'est là une chose qui serait éminemment propre à provoquer une surprise mêlée d'indignation, si de telles fautes pouvaient inspirer un sentiment autre qu'une inexprimable tristesse.

*
* *

« L'honneur de l'armée » : quel mal nous a fait ce mot-là, compris comme il le fut !

Je conjure ceux des membres de cette chère armée qui liront ces lignes, de vouloir bien accorder une minute d'attention exempte de colère à la voix qui leur parle ici. Ce n'est point celle d'un ennemi : quelques-uns d'entre eux le savent. Je leur dis avec une conviction profonde que le moment est venu pour eux de méditer sérieusement sur les grands et terribles événements qui se sont accomplis ou qui se préparent, et d'en tirer la leçon. Or, il me semble qu'on a engagé l'armée dans une voie funeste. On s'est ingénié à lui persuader que son honneur exigeait qu'elle prît tout entière fait et cause pour Esterhazy. Afin de l'entraîner plus sûrement, on a fait appel au généreux et vaillant instinct qui pousse tout soldat à voler au secours du camarade en péril. Et l'armée s'est émue, de pitié d'abord, de colère ensuite, quand elle a su de quel crime le commandant était accusé. De la cause de cet homme, elle a donc fait la sienne propre. On lui a affirmé, elle a cru sincèrement que l'honneur l'exigeait. Et quand l'honneur parle, il n'est pas un soldat de France qui se bouche les oreilles.

Lorsqu'une disgrâce inattendue et bénigne, succédant, à quelques mois de distance, au triomphal acquittement devant le Conseil de guerre, a frappé — légèrement — le commandant, l'armée, si je ne me trompe, n'a pas dû très bien comprendre ce qui se passait. Un peu de méfiance s'empara d'elle. La beauté morale d'Esterhazy cessa d'être pour elle un article de foi.

Elle accorda que l'homme n'était peut-être pas aussi intéressant qu'on le lui avait dépeint. Mais elle n'alla pas plus loin et se refusa à sentir le fumet de traîtrise et de crime que cet homme exhalait par tous les pores.

Et voici qu'aujourd'hui les derniers fragments du masque tombent. C'est le commandant lui-même qui, sûr de l'impunité, quoi qu'il ait fait et quoi que l'on découvre, fou de rage et altéré de vengeance, en secoue cyniquement les morceaux et se montre enfin à visage découvert. Une figure effrayante apparaît, qui est indubitablement celle d'un sacripant authentique, et qui pourrait être au besoin celle d'un traître. Dans l'ombre sinistre d'où elle émerge, des choses étranges se devinent, mystérieuses encore, comme toute cette affreuse histoire, mais qui demain vont être, de toute nécessité, éclairées de la lumière implacable de la vérité.

Il est temps et grand temps, à mon humble avis, que nos loyaux soldats, abusés et trompés comme le pays tout entier l'a été par un effréné débordement de mensonges, se détachent résolument de la cause de cet homme, répudient les louches manœuvres qui peuvent avoir été faites pour le sauver et comprennent que l'honneur de l'armée, — cet honneur qui est l'un des plus chers trésors de la patrie, — n'a rien de commun avec cette ténébreuse aventure, ni avec aucune des choses très laides qui peut-être, hélas! se sont greffées sur elle.

L'honneur de notre armée, ce n'est pas dans un certain bureau de l'état-major qu'il réside, au milieu de paperasses suspectes, de loupes et de grattoirs. Il est dans tous les lieux du vaste univers où l'un des siens, officier ou soldat, meurt silencieusement pour la France. Il est au Sénégal et au Congo, à Madagascar et au Tonkin; hier, il était sur le Nil avec l'héroïque Marchand et son admirable troupe, dont les pieds saignent, en ce moment même, sur les rochers d'Abyssinie.

Il est à cette frontière des Vosges et des Alpes, où parmi les frimas et les neiges veillent sans se plaindre les bons chiens de garde de la Patrie. Il est sur les vaisseaux de notre flotte — et l'on sait qu'entre les mains de ceux qui les montent cet honneur ne périclitera jamais!

Cet honneur-là n'est solidaire des défaillances, des crimes même de personne. Trésor collectif, fait du dévouement, de l'abnégation, des hautes vertus d'une multitude de héros, la scélératesse d'un seul homme ne saurait le salir. Il échappe aux responsabilités, quelles qu'elles soient! engagées dans l'Affaire. Il plane très au-dessus de ce marais fétide dont les émanations ne montent pas jusqu'à lui. Il est chose, non de ténèbres, mais de grand air et de clair soleil. Maudits soient les détestables conseillers qui ont persuadé le contraire à cette généreuse armée!...

Telles étaient les choses que je me disais à moi-même, après avoir lu les « révélations » d'Esterhazy.

Cependant une nausée de dégoût m'avait envahi. Je jetai le journal où s'étalait l'horrible document. Le présent me parut si laid que je me hâtai de fuir dans le passé, ne fût-ce que pour oublier un instant l'heure affreusement triste et sombre où nous sommes. Je revins donc au bon livre consolateur, à mes soudards de la guerre de Trente ans. Je lus des histoires de villes mises à sac, de populations exterminées. Des bribes de phrases à moitié oubliées flottaient dans ma pensée distraite... « Paris brûlé, livré à cent mille Allemands ivres... » Où diable avais-je donc vu cela?... Qui donc avait exprimé ce vœu? Et soudain, je me souvins. C'était dans les lettres, les fameuses lettres du commandant...

Soldats de France, reniez donc une bonne fois ce reître! L'honneur le veut.

OISEAUX DE NUIT

7 avril 1899.

Parlant de ce pandour d'Esterhazy, — et je me demande aujourd'hui si je ne le flatte pas en le traitant de pandour — je disais, ici même, il y a trois semaines :

« Il est temps que nos loyaux soldats, abusés et trompés comme le pays tout entier l'a été par un effréné débordement de mensonges, se détachent résolument de la cause de cet homme, répudient les louches manœuvres qui peuvent avoir été faites pour le sauver et comprennent que l'honneur de l'armée — cet honneur qui est un des plus chers trésors de la patrie — n'a rien de commun avec la ténébreuse aventure à laquelle Esterhazy paraît de jour en jour avoir été plus étroitement mêlé, ni avec aucune des choses très laides qui se sont, hélas! peut-être greffées sur elle... »

Ces paroles m'ont valu quelques lettres d'injures : car nous vivons en un temps et en un pays où règne, comme on sait, la liberté de penser. Je prie les correspondants délicats, mais distraits, qui m'ont fait la grâce de m'adresser ces lettres en oubliant de les signer, de vouloir bien prendre la peine de lire attentivement les pièces de la procédure du Conseil d'enquête, devant lequel a comparu l'officier qui leur est cher.

Après quoi, je leur demanderai de me dire s'ils estiment toujours que j'ai attenté à l'honneur de l'armée, en déplorant pour elle qu'on ait montré une si étrange indulgence à l'égard d'un pareil homme.

*
* *

Accusé d'être le véritable auteur de ce fameux « Bordereau » que l'on regardera dans trois ou quatre mille ans, quand la France et sa langue disparues seront objet d'étude pour les archéologues, comme un personnage mystérieux et funeste, ayant avec son frère, le « Petit Bleu », bouleversé de fond en comble un grand pays, — Esterhazy vient d'être, au mois de janvier 1898, triomphalement acquitté par un Conseil de guerre sur le chef de trahison... Les « patriotes » sont en fête et se réjouissent bruyamment de la déconfiture des mauvais Français qui avaient osé soupçonner, que dis-je ! accuser ce loyal soldat.

Mais l'opinion publique, force capricieuse et incoercible, prompte à glisser entre les doigts de ceux qui s'en croient les maîtres, à se retourner contre eux avec la force d'un torrent, à les balayer comme un fétu de paille, — il est bon de le rappeler, en ce moment surtout, —commence tout de même à s'émouvoir un peu des allures du gaillard.

Drôle d'homme, en effet, qui, dès le lendemain de son acquittement, a l'air de dissimuler avec peine une énorme envie de rire, comme s'il connaissait depuis peu quelque histoire prodigieusement divertissante, et comme s'il était obligé de se tenir à quatre pour s'empêcher de la conter, tant elle est amusante... Nous avons su depuis, par ses propres confidences, ce qu'il y avait de si réjouissant à ses yeux dans cet acquittement. Et cela est si triste qu'il vaut mieux ne pas en parler, espérer encore qu'il a menti, une fois de plus. Méfions-nous du « cher commandant » quand il rit ! D'ordinaire, c'est qu'il y a sous roche de quoi pleurer pour un Français.

Le voilà donc blanc comme neige, sûr du présent, de l'avenir, muni d'un tel acrement, que la loi désormais ne peut plus lui demander compte du crime de trahison, même s'il est prouvé un jour qu'il l'a commis. Et l'ironique satisfaction qu'il éprouve de se sentir intangible éclate dans le cynisme joyeux de ses propos. A tel point que le ministre de la Guerre lui-même, qui ne l'a pas cru, qui ne le croira jamais, quoi qu'il arrive, — l'honorable M. Cavaignac l'a expressément déclaré,

— coupable du forfait dont on l'accusait, commence, lui aussi, à éprouver quelques vagues inquiétudes à son endroit.

Je me figure qu'il doit se produire parfois chez M. Cavaignac de singuliers conflits entre l'esprit et la conscience. Cette dernière est délicate, foncièrement honnête. Elle a des intuitions, et aimerait à les communiquer à son camarade. Celui-là, de naturel un peu rogue et hautain, raisonneur obstiné, féru d'une admiration scolastique pour la beauté et la force des argumentations géométriquement construites, n'a que du dédain pour les intuitions. En quoi ce superbe a tort; attendu que les intuitions d'une conscience de cette qualité-là sont parfois plus justes que les raisonnements, surtout lorsque ceux-ci, en dépit de leur allure raide et tranchante de théorèmes, révèlent çà et là, jusque dans leurs plus fières affirmations, un sens critique auquel on pourrait souhaiter peut-être plus de souplesse et de sagacité.

Or, certain jour, la conscience de M. Cavaignac lui suggéra que cet homme au sinistre profil d'oiseau de proie était décidément un bien étrange officier... L'esprit veillait. L'esprit avait décidé qu'Esterhazy ne pouvait être, *eût-il même écrit le bordereau*, le traître qu'était indubitablement Dreyfus. La conscience, arrêtée net dans l'instinctif élan de son honnêteté, qui déjà flairait le bandit, ne put aller plus loin... Il n'est pas déraisonnable de dire que si la chose avait tourné autrement, divers incidents tragiques et calamiteux, dont la liste peut-être n'est pas close, nous eussent été épargnés ; que la maudite Affaire eût vraisemblablement pris fin depuis six mois, et que M. Cavaignac, justement béni par trente-huit millions de Français, coucherait paisiblement depuis six semaines à l'Élysée.

* *

Donc, en août, le commandant Esterhazy est déféré devant un Conseil d'enquête chargé de répondre aux trois questions d'usage : cet officier est-il dans le cas d'être mis en réforme pour inconduite habituelle, pour fautes graves contre l'honneur, ou pour fautes graves contre la discipline?

Enquête ; rapport très loyal et accablant pour la moralité du personnage ; réunion du Conseil, interrogatoires, jugement.

— Comment, polisson, vous aviez une maîtresse? Vous viviez avec elle ! Est-ce que cela s'est jamais vu dans l'armée française? Apprenez que l'armée française est intraitable sur « l'inconduite habituelle ». En pénitence donc, vilain coureur!... Coupable sur ce chef par trois voix contre deux. »

— Mais fûtes-vous d'aventure l'associé d'une tenancière de maison louche?... Diable! si nous déclarons, comme le rapport nous y engage, que vous avez pu commettre une telle faute contre l'honneur, le « Syndicat de trahison » va triompher et conclure que vous étiez bien capable aussi d'avoir commis un crime contre la patrie...Acquitté, camarade, par quatre voix contre une. »

La Tour d'Auvergne et Marceau, Canrobert et d'Aumale, pleurez !

— Mais écrivîtes-vous des lettres de chantage au chef de l'État, osâtes-vous déclarer que vous étiez prêt à vous mettre sous la protection de l'empereur allemand, votre « suzerain »?... Diable! voilà encore qui pourrait être méchamment exploité. Ce syndicat maudit a vraiment bien choisi son homme!... Acquitté à l'unanimité, le commandant Esterhazy, officier supérieur dans l'armée française, ayant pour « chef de blason » S. M. l'empereur Guillaume II, ainsi qu'il appert de ses lettres à M. le Président de la République, et en qui aucune autre tare n'a pu être relevée qu'une propension à l'inconduite : circonstance largement atténuante, dont M. le ministre de la Guerre voudra bien tenir compte dans le libellé de la décision qu'il prendra, afin que tout le monde sache que la punition dont cet officier est frappé n'entraîne aucune disqualification... »

O Castellane et Bugeaud, Pélissier, Mac-Mahon, Faidherbe et Chanzy, Courbet, tous nos vieux chefs à la droiture ombrageuse, à la voix franche et rude, que dites-vous de ce jugement?

*
**

Voici, j'imagine, ce qu'ils diraient, s'ils avaient le malheur de vivre en ce temps-ci. Et peut-être trouverait-on parmi les vivants d'autres grands soldats, directs héritiers des mâles vertus de ces chefs pleins d'honneur, qui ne désapprouveraient pas ce langage, qui le tiendraient eux-mêmes, s'ils pouvaient parler :

— Chère fille de notre cœur, que nous avons tant aimée, pauvre armée de France, que de mal on t'a fait ! On t'a poussée peu à peu, acculée follement dans une impasse affreuse, bordée de précipices. Demi-tour au plus vite ! Ressaisis-toi pendant qu'il en est temps encore. Ne fais pas comme l'Église, qui pouvait corriger elle-même, il y a quatre siècles, les abus dont elle était travaillée, et qui, ayant obstinément fermé ses oreilles à la voix de la justice et de la raison, faillit périr dans la tourmente de la Réforme.

« N'entends-tu pas, malheureuse, le sourd grondement qu'un jugement tel que celui de ce Conseil d'enquête fait monter contre toi du fond de la conscience de notre peuple? Tu veux avec raison conserver tes tribunaux, ta justice. Prends garde que des exemples, aussi néfastes que celui-là,

n'obligent les meilleurs citoyens à se demander
avec angoisse si une justice qui cesse d'être juste,
raisonnable, éclairée ne prononce pas par cela
même sa propre condamnation?

« Assez de camaraderie, d'esprit de corps, s'il te
plaît, puisque c'est à des jugements comme celui-là,
si ce n'est même à des choses encore pires peut-
être, que l'esprit de corps aboutit!

« Qu'on sache, et promptement, que tu ne veux
plus écouter la voix des conseillers détestables qui
ont prétendu te servir en te persuadant qu'il fallait
couvrir du superbe manteau de ton honneur sans
tache certaines louches besognes exécutées sans
ton aveu. Ces besognes-là, il faut que le pays
apprenne que tu les réprouves, qu'elles t'indignent,
que tu regardes ceux qui s'y sont livrés comme
plus funestes mille fois à ton bon renom que les
perfides ennemis même qui voudraient te rendre
tout entière responsable de ces ténébreuses machinations, auxquelles tu demeuras étrangère.

« Fais dire bien haut que tu ne reconnais pas
pour tiens ces hommes à fausses barbes et à
lunettes bleues, dont l'âme de policiers perce sous
leur déguisement de soldats! Et, puisque la Cour
de cassation travaille à débrouiller l'écheveau con-
fus de leurs intrigues, demande à ses magistrats
de te rendre le service, non pas d'étouffer la
lumière, mais d'en diriger au contraire jusque
dans les plus sombres recoins de la sombre

Affaire un jet puissant et purificateur, qui te dé-
livre enfin des oiseaux de nuit indûment nichés
dans ta maison, — laquelle, en fait d'oiseaux,
n'avait jusqu'à présent abrité que les aigles... »

PSYCHOLOGIE COMPARÉE

25 mars 1899.

Quelqu'un vient de dire une chose très raisonnable : le fait est assez rare, en ce temps-ci, pour qu'on le signale.

Traité de « dreyfusard » par un de ceux de nos contemporains qui font de cette épithète la consommation que l'on sait, un homme à l'esprit exact et précis a répondu : « Pardon ! Je ne suis ni dreyfusard, ni antidreyfusard : je suis revisionniste. » Il faut le louer d'avoir par ces simples paroles défini excellemment la nuance d'opinion d'un très grand nombre de braves gens dont on dira sans doute, quand le moment sera venu de philosopher paisiblement — rêve délicieux ! — sur la maudite Affaire, qu'ils ont été les seuls sages, parmi ce peuple d'aliénés que nous sommes devenus. Et cela m'induit à tenter d'esquisser un modeste essai de la psychologie comparée de ces trois catégories de citoyens, dreyfusards, antidreyfusards et revisionnistes, à la dernière desquelles je m'honore d'appartenir.

*
**

Le dreyfusard est l'homme qui croit à l'innocence du condamné de l'île du Diable comme certains dévots croient aux apparitions de la Sainte-Vierge devant une jeune bergère dans la grotte de Lourdes. De ces dévots, il possède la foi intransigeante, que la moindre réserve dans l'adhésion, que l'ombre seule d'un doute scandalise et irrite. Il n'a pas la simple *conviction* que Dreyfus a été condamné à tort. Il en prétend avoir la *certitude*. Et cette certitude participe à ses yeux du caractère propre aux vérités mathématiques. Elle est absolue comme un axiome de géométrie.

Les plus triomphants arguments de ses adversaires ont fait sur lui tout juste l'effet d'une boulette de sarbacane sur une tourelle blindée. Lui objecte-t-on l'unanimité des cinq ministres de la Guerre? Il sourit, et riposte en vous citant irrévérencieusement les aperçus — d'une impertinence transcendante — que M. Esterhazy émet à ses moments perdus sur l'intelligence et le sens critique de l'un d'entre eux.

Il est documenté sur l'Affaire d'une façon terrible. Il sait à qui ont été montrées les prétendues « lettres de l'empereur d'Allemagne », qui les a fabriquées, colportées, et comment, après avoir

servi à convaincre de la culpabilité du « traître »
d'innombrables légions d'imbéciles, ces fameuses
lettres se sont soudain évanouies, comme les fan-
tômes au chant du coq, dès qu'on eut seulement
dit qu'elles n'étaient que le plus impudent et le
plus stupide des faux.

Comme un curé sait son bréviaire, le dreyfusard sait son procès Zola. De la lettre célèbre qui
donna naissance à ce procès, il a fait son évangile.
Ne le défiez pas de la réciter : vous perdriez peut-
être! Ce document prophétique est pour lui la
source de toute vérité. Il vous énumérera tous les
faits définitivement connus et acquis, où il lui
plaît de trouver une éclatante confirmation des
dires de son auteur.

Insulté, vilipendé, dénoncé à la haine du peuple
comme complice d'une noire machination ourdie
contre la Patrie, le dreyfusard ne sent pas plus
les coups qu'on lui porte qu'un fakir les pointes de
fer entrant dans sa chair vive. Si le beau jour vient
à luire — le beau jour de fête appelé par les vœux
de certaines âmes éminemment chrétiennes — où
la foule accrochera, en guise de lanternes vénitien-
nes, quelques juifs aux branches des arbres de nos
avenues, le dreyfusard entre deux hoquets criera
encore : « Dreyfus est innocent! » Et si on lui en
laisse le temps, il ajoutera : « Si Dreyfus n'était pas
innocent, Henry n'aurait pas fait ses faux! »

Le crayon des dessinateurs « patriotes » repré-

sente d'ordinaire cet entêté sous les traits symbo-
liques d'un homme corpulent, au gros nez dont la
courbe continue celle d'un front manifestement
prédestiné au fez oriental. Je dois dire que j'ai vu
de ces dreyfusards qui ressemblaient tout à fait à
des « Français de France ». Ils ne parlaient point
mamamouchi. Ils ne m'offraient pas de me vendre
des pastilles du sérail. Ils élevaient la prétention
d'être mes concitoyens, des fils, — de vrais fils, —
de la bonne France, libérale et humaine, qui leur
avait dit autrefois, en un langage sublime, de
prendre place à son foyer, auprès de ses autres
enfants, et à laquelle ils avaient voué depuis lors
une immortelle gratitude pour prix de ce bienfait.

Quelques-uns même poussaient l'astuce jusqu'à
insinuer qu'ils avaient une façon à eux d'aimer et
de servir la Patrie en voulant, de toute l'énergie
d'une indomptable volonté, qu'elle redevînt la
terre d'élection de la Tolérance et de la Justice, —
le malheur des temps et la malice de quelques
hommes ayant fait qu'elle avait momentanément
cessé de l'être.

Politiquement, le dreyfusard juif ou chrétien n'a
plus d'opinion. Il juge les partis d'après l'attitude
qu'ils ont prise dans « l'Affaire ». Aux conservateurs, — noblesse, clergé, haute bourgeoisie, — il
reproche amèrement d'avoir manqué d'esprit chrétien, c'est-à-dire de mansuétude et de pitié, à peu
près autant que d'intelligence et de sens critique;

à l'armée, d'avoir préféré l'esprit de corps à la justice; aux « gens du monde », de ne s'être souciés dans tout ce sombre drame, que de savoir quelle opinion sur Dreyfus se portait cet hiver dans les salons; aux hommes politiques, d'avoir reculé les bornes connues de la pleutrerie et de la lâcheté.

Il ne cache pas que de toutes les classes de la société française, le peuple seul, éclairé et guidé par quelques « intellectuels », a montré le vieil instinct de générosité qui fut jadis l'honneur de notre race, seul s'est ému à la pensée qu'une atroce iniquité avait peut-être été commise... Il en conclut que c'est là, dans cette masse anonyme et profonde, que bat le cœur de la vraie France. Et ce ne sera pas une des moindres singularités de « l'Affaire » que les groupements nouveaux et inattendus qu'elle aura produits, entre gens venus des points les plus divers de l'horizon politique.

*
* *

L'antidreyfusard ne me paraît pas être d'une psychologie très compliquée.

Deux ou trois idées fixes ont été plantées dans sa cervelle par les journaux de son parti, qui les lui martellent infatigablement sur le crâne depuis dix-huit mois; et ce serait chose plus facile d'arracher avec les dents un clou fiché dans un mur, que d'amener cet homme-là je ne dirai pas à changer, mais à modifier, fût-ce sur un point de détail, les convictions qu'on lui a faites. Il croit, dur comme fer, au « Syndicat de trahison », à l'argent de l'étranger, qui passe la frontière pour venir alimenter lé grand complot formé par les Juifs et les « sans-patrie » contre l'armée, de même qu'il a cru aux « lettres de Guillaume II », et à la guerre avec l'Allemagne, en cas de revision.

Hypnotisé par ces niaiseries, il n'a depuis le commencement de l'Affaire rien voulu voir ni rien voulu entendre. La révélation du faux, le suicide d'Henry l'ont à peine ébranlé pendant quelques heures. Deux jours après l'événement, on lui avait fourni une explication rassurante, dont il faisait aussitôt un nouvel article de foi. Les révélations d'Esterhazy ne l'ont pas ému davantage, si étranges qu'elles soient. Et c'est avec une tranquillité dédaigneuse qu'il regarde, si même il consent à tourner vers eux ses regards, les filets d'une lumière assez sinistre qui commencent à passer sous la porte bien close de la Cour de Cassation.

L'antidreyfusard a donc ceci de commun avec le dreyfusard, qu'il croit aveuglément à une chose dont il ne lui est pas possible de prétendre raisonnablement qu'il ait le droit d'être *sûr* en l'état présent de l'Affaire. Mais il est juste d'ajouter que s'il paraît, en général, assez peu pourvu de la faculté ou du goût de penser par lui-même et d'avoir des opinions autres que celles qu'on lui inculque, l'ardeur de son patriotisme sert de circonstance atténuante au manque d'indépendance de son esprit et à la pauvreté de sa critique.

L'antidreyfusard aime l'armée. Avec raison, il la considère comme l'unique rempart de notre sécurité nationale, en face de l'Europe hostile. Or, cette armée dont il a fait l'objet de son culte, certains partisans de Dreyfus l'attaquent avec un acharnement aussi maladroit que coupable. De là, chez cet homme, un état d'esprit particulier, une sorte d'exaspération chronique, qui l'empêcherait de faire usage de sa raison, même s'il avait envie de s'en servir.

Entre le dreyfusard et lui, il y a un grave malentendu qui, j'en ai bien peur, divisera longtemps encore ces deux hommes. Le premier méconnaît absolument tout ce qu'il y a de très haut et de très noble dans le culte fanatique de son adversaire pour l'armée. Et le second, à son tour, ne semble guère disposé à comprendre qu'il y a quelque chose de profondément respectable dans l'opinion du dreyfusard, puisque cette opinion n'est en somme — quelques outrages qu'on déverse sur elle — que la sainte passion de la justice, jaillissant irrésistiblement du fond d'une conscience.

*
* *

Entre ces convictions intransigeantes, un groupe d'abord modeste, mais qui grossit de jour en jour, s'est formé : celui des simples revisionnistes, hommes d'opinion moyenne, exposés par conséquent aux injures, — lot ordinaire de ceux qui tiennent à plus haut prix que tout, l'intime satisfaction procurée à certains esprits par la fière indépendance d'une pensée libre, ferme et modérée.

Convaincus, comme tout le monde, de la culpabilité de Dreyfus au début de l'Affaire, ils ont senti peu à peu des doutes s'éveiller en eux.

On leur a dit qu'en éprouvant, après une sentence régulièrement prononcée, de tels doutes, ils commettaient le péché d'orgueil intellectuel, et qu'en osant les exprimer, ils ébranlaient le pacte social. Leur conscience a répondu qu'il n'y a point d'orgueil à juger un fait à la lumière de la raison, et que ceux-là seuls pouvaient prétendre le contraire qui — on ne sait pourquoi — veulent une raison humaine serve et humiliée, tout en n'étant pas précisément eux-mêmes des modèles de cette humilité d'esprit qu'ils prescrivent impérieusement aux autres.

Cette même conscience, qui revendiquait hautement le plus essentiel des droits de la raison, a suggéré en outre à ces hommes que le pacte social doit avoir la justice à sa base, et que ce n'est point ébranler ce pacte respectable que de vouloir, si quelque lézarde apparaît dans cette assise, la réparer aussitôt, afin de la rendre, ainsi qu'elle doit l'être, solide et résistante comme le granit.

Ils ont donc continué de se livrer sans remords non pas au plaisir, mais à l'affreuse angoisse de douter. On a voulu les convertir ; un hasard étrange et fâcheux a fait que chaque tentative destinée à dissiper ces doutes importuns leur a donné au contraire plus de consistance et de force. Et c'est ainsi qu'ils ont été conduits à demander la revision du procès de 1894, sans croire pour cela faire injure à l'armée, qu'ils aiment et qu'ils respectent sincèrement, — mais qu'ils ne se croient pas tenus d'aimer et de respecter plus que la justice et que la vérité.

Quand l'histoire étudiera cette calamiteuse période de notre histoire nationale intérieure, elle dira sans doute que de grands maux eussent été épargnés à la France, si cette opinion revisionniste, également respectueuse des intérêts de la justice et de ceux de l'armée, avait été l'inspiratrice des hommes d'État, — Président de la République, membres des divers Cabinets, sénateurs et députés, qui depuis le funeste procès de 1894 ont eu charge de nos destinées.

PLAISE A LA COUR!...

14 avril 1899.

Je voudrais essayer de noter l'impression générale qui se dégage, jusqu'à présent, de la publication des documents de l'enquête. Je parle, bien entendu, de l'impression ressentie par les gens d'esprit libre, ayant le goût, le besoin même, de ne devoir qu'à eux-mêmes, au loyal effort de leur intelligence, de leur raison, l'opinion qu'ils adoptent et le jugement qu'ils portent.

Des autres, il ne saurait être ici question. Leur siège était fait d'avance. Cette avalanche de dépositions s'est écroulée sur leur conviction, favorable ou hostile à l'innocence de Dreyfus, sans l'ébranler. Chacun d'eux a pris dans le tas ce qui lui a semblé de nature à fortifier encore la certitude particulière dont il était antérieurement pourvu et a regardé tout le reste comme non avenu... J'admire ces esprits imperturbables.

Ceux qui, comme le mien, sont d'une autre famille, ont été au contraire très troublés. Et voici, parmi beaucoup d'autres, — dans le détail desquelles on me dispensera d'entrer, — les trois raisons principales de leur trouble :

1° Les variations singulières de l'accusation au sujet du « bordereau » ;

2° Les variations non moins singulières de cette même accusation au sujet de certains personnages étroitement mêlés à l'Affaire ;

3° Les contradictions radicales qui se sont élevées entre l'accusation et la défense sur des points essentiels.

*
* *

Considéré comme négligeable il y a quelques mois, — à telles enseignes qu'il n'en était même plus fait état dans le fameux discours[1] de M. Cavaignac (7 juillet 1898), — le bordereau est rentré en grâce depuis la découverte du faux Henry et c'est sur ce document que porte aujourd'hui le principal effort de l'habile argumentation développée devant la Chambre criminelle avec un si remarquable talent d'avocat par M. le général Roget.

Mais comment ne pas être confondu des chan-

1. Discours dans lequel M. Cavaignac apporta à la Chambre, comme preuve décisive de la trahison de Dreyfus, un document dont la falsification, œuvre du colonel Henry, dut être reconnue quelques semaines plus tard par le ministre de la Guerre. Un vote de la Chambre avait ordonné l'affichage de ce discours sur les murs des 36000 communes de France.

gements introduits, de 1894 à 1898, dans la thèse de l'accusation au sujet de ce document ? Abandon de la date attribuée en 1894 à la composition de la pièce. Abandon de la démonstration fondée sur l'écriture. En 1894, c'est sur cette question de l'écriture, principalement, que Dreyfus a été condamné. En 1898, l'accusation n'a plus que du dédain pour ce vulgaire élément de preuve. A supposer même qu'Esterhazy eût *écrit* le bordereau, le commandant ne pourrait pas pour cela l'avoir *composé*. Car il est nécessaire, d'une nécessité absolue, que le traître soit Dreyfus. Et cela est tout de même — n'en déplaise à l'auteur de cette triomphante proposition — un peu dur à admettre, pour des gens que n'hypnotise pas l'idée fixe.

Autre chose. Tout le monde a remarqué que M. le colonel du Paty de Clam et Esterhazy sont jetés par-dessus bord avec une remarquable désinvolture dans deux dépositions de généraux. La rudesse de cet abandon, succédant tout à coup à la complaisante protection qui, pendant si longtemps, a rendu ces deux personnages intangibles, nous surprend. Elle nous surprend encore davantage, quand nous la rapprochons des singuliers égards témoignés à la mémoire du colonel Henry. Ce malheureux aurait-il donc un mérite inconnu qui rachète son crime ? Ce mérite serait-il tout simplement l'éternel silence où la mort le condamne ?

Enfin, comment ne pas être troublé par ce cliquetis d'affirmations contradictoires qui s'entrechoquent furieusement au-dessus de nos têtes ?

— Le bordereau est-il d'un artilleur ?

— Oui, déclarent à l'envi M. Cavaignac et M. le général Roget.

— Non ! répliquent M. le commandant Hartmann dans sa courageuse déposition, M. le général Sebert, M. le capitaine Moch.

— Oui ! affirme derechef M. le général Deloye, qui accourt à la rescousse de l'accusation.

Or, tous ces témoignages sont ceux d'hommes pourvus d'une indiscutable compétence. Rien ne nous autorise à ne pas les croire animés, les uns et les autres, d'une égale sincérité. Qui a raison ? Qui a tort ?

Au demeurant, l'impression générale qui se dégage de la publication de l'enquête est trouble et confuse. Nous sommes perdus dans une forêt immense — *Ahi ! quanto selvaggia ed aspra e forte !* — au milieu d'une nuit où nous sentons vaguement flotter autour de nous une impalpable légion de larves affreuses...

Nous avons besoin qu'un guide sûr — tel que Virgile fut pour Dante aux Enfers — vienne à notre secours, nous prenne par la main et, à travers le formidable enchevêtrement de ces dépositions contradictoires, nous conduise à la clairière où tout ce qui était incertain, ambigu, obscur, s'élucidera enfin.

Je me permets de penser qu'il est absolument impossible que la Cour de cassation se dérobe à l'impérieux devoir d'être pour nous ce guide-là, et nous laisse, errants et perdus, au milieu de cette horrible forêt.

Mais tel n'est point l'avis d'un groupe d'hommes qui pour des raisons diverses — dont quelques-unes respectables, les autres intéressées et honteuses — ont juré de tout faire afin d'entraver l'œuvre de la revision.

Cette revision, si péniblement arrachée à toutes les forces hostiles conjurées contre elle, est en effet menacée, paraît-il, d'un dernier traquenard. Depuis quelques jours, certain glapissement rageur, qui avait déjà retenti dans la presse avant le vote de la loi de dessaisissement, retentit de nouveau, plus déplaisant, plus aigre que jamais; et quand ce glapissement-là se fait entendre, c'est signe que quelque chose se prépare.

On prétend donc que toute l'industrie des adversaires de la revision — et Dieu sait s'ils ont fourni des preuves de cette industrie! — s'applique astucieusement à en combiner dans l'ombre et le mystère l'avortement final. Habilement circonvenue, sans brutalité ni rudesse, sollicitée avec une bonhomie émue, mouillée de larmes, au nom des « grands intérêts » du pays, la Cour de cassation serait à peu près décidée à en sacrifier de plus grands encore, celui en particulier dont elle a la garde spéciale. En un mot, elle se préparerait, justifiant les cyniques espérances fondées sur la loi de dessaisissement, à nous dire non pas que Dreyfus est innocent ou qu'il est décidément coupable, *et les raisons décisives sur lesquelles elle fonde le jugement si anxieusement attendu*, mais, tout simplement, qu'il n'y a pas « fait nouveau », partant, pas matière à revision, et que tout doit par conséquent demeurer en l'état.

Comme tour de gobelet, cela serait vraiment d'une élégance supérieure! Escobar et Robert Houdin, âmes sœurs, en ricanent sans doute d'allégresse dans leurs tombeaux, comme du plus éclatant hommage qui puisse être rendu à l'art auquel chacun d'eux doit la gloire de son nom.

Reste à savoir si la muscade passerait aussi facilement, depuis que nous avons pu prendre connaissance, grâce au *Figaro*, d'une partie déjà fort instructive de l'enquête. Ces tours-là sont jolis, assurément, mais malaisés. L'escamoteur et ses aides ont besoin de calme, de silence, de recueillement. Devant une nation émue comme la nôtre vient de l'être — ne fût-ce que par la déclaration de M. le président du Conseil sur la « mystification » possible de 1894 ! — la main la plus sûre tremble quelquefois. On a vu des muscades rebelles, simplement parce qu'il y avait de l'électricité dans l'air. Or, j'ai idée qu'il y a de l'électricité dans l'air en ce moment.

*
* *

Pour parler sérieusement, j'espère qu'une telle honte sera épargnée à notre malheureux pays, qui vraiment en a plus que sa part en ce moment. Tant qu'un pareil arrêt ne sera pas là, sous mes yeux, dans la hideuse laideur de son hypocrisie et de sa lâcheté, je dirai qu'on inflige à nos magistrats le plus sanglant des outrages, en les supposant capables de rendre cet arrêt et de déshonorer à jamais la justice de notre pays et eux-mêmes en le rendant.

Qu'on puisse arriver, par je ne sais quelle argumentation subtile et savante, à établir, contre tout bon sens, qu'il n'y a pas « fait nouveau » selon la lettre pharisaïquement interprétée de la loi : il paraît que cette chose monstrueuse ne serait pas tout à fait impossible. Les adversaires acharnés de la revision, du moins, le prétendent.

Le fait nouveau existe pourtant, ô Caïphes qui refusez de le voir en dépit de sa splendeur. Le fait nouveau, c'est que cette cause ne ressemble à aucune autre; c'est que son ampleur dépasse les frontières du pays qui a eu le déplorable privilège de lui donner naissance; c'est que l'univers tout entier a les yeux fixés sur la France; dans la France, sur un point, qui est le tribunal où cette cause sans précédent va se juger ; dans ce tribunal, sur la page où va s'inscrire la sentence que des millions d'âmes attendent en frémissant. Non, non, rien de pareil ne s'est vu, pas même au temps de Calas ! Et c'est là, apparemment, un fait nouveau.

Ce fait nouveau, sans doute, n'est point d'ordre juridique. Mais je défie bien qu'aucun homme, à moins d'être une brute, ose prétendre qu'un tel fait est négligeable et que les magistrats de la Cour de cassation ont moralement le droit de n'en pas tenir compte. Car, s'il en était ainsi, nous cesserions d'être la France, c'est-à-dire un pays qui compte au nombre de ses plus glorieuses traditions l'habitude plusieurs fois séculaire de penser, de parler, d'agir non pas seulement en vue de lui-même, mais en vue de l'humanité et de son bien général.

*
* *

Juges, ce n'est donc pas notre peuple seul, c'est le monde qui va vous juger !

Aux yeux du monde civilisé, vous allez être, à une heure solennelle entre toutes, cette très haute et très noble personne morale que fut et que doit toujours être la France.

Tels vous vous révélerez, telle elle apparaîtra. Ce qu'on dira de vous sera dit d'elle aussi, puisque à cette minute-là vous l'aurez incarnée. Ce qu'il y a de plus sacré dans l'héritage de nos pères : la pensée profonde de justice que le labeur superbe de dix générations de notre race a dégagée et dont 89 a fait largesse au monde, ce titre, — le plus authentique de notre noblesse de peuple, — sera entre vos mains.

Le malheur des temps l'a, hélas! un peu altéré. Un mot de vous peut lui rendre son lustre éclatant. Un mot de vous peut aussi le réduire en poussière. Excusez-moi si je suis ému : de douleur, en songeant que nous pourrions être privés de transmettre à nos enfants ce parchemin-là ; d'indignation, en voyant qu'il est des gens assez mauvais Français ou assez fous pour souhaiter qu'il soit détruit en effet!...

Ces choses, nous n'avons pas l'impertinence de croire qu'il faille vous les rappeler. Nous savons, nous sommes sûrs que vous êtes de trop bons citoyens pour méconnaître le caractère très particulier, unique, qu'aura, — le jour, où vous parlerez enfin, — votre fonction redoutable. Nous prenons simplement, et parce qu'on nous y force, la liberté de vous dire très humblement ceci :

Ce qu'on attend de vous, ce n'est pas une infâme comédie comme celle qu'on vous propose, qui ferait de notre pays l'objet de l'exécration et de la risée de tous les autres. C'est la communication loyale, sans réserve, de l'auguste vérité, qui seule aura le pouvoir d'apaiser la mortelle inquiétude de nos cœurs.

Rendu dans ces conditions, votre arrêt, quel qu'il soit, aura la vertu pacificatrice et souveraine que ce malheureux pays épuisé en attend. Sinon, c'est la continuation du désarroi mortel, des soupçons, des haines; c'est le boulet maudit de l'Affaire rivé de nouveau, par votre main elle-même, au pied meurtri qui le traîne depuis trop longtemps.

Vérité, vérité, vérité! voilà le mot que la terre entière vous crie, aussi bien que nous, Français, qui avons mis dans la droiture, dans la justice de vos âmes notre suprême espérance...

Plaise à la Cour ne pas faire à la Patrie le mal irréparable de donner, au nom de la France, un soufflet à la conscience du genre humain!

FIAT JUSTITIA!...

22 avril 1899.

A M. le Député X...

Monsieur le Député,

Je ne vous connais pas. Êtes-vous de Droite ou de Gauche, ou de cette « Plaine », toujours semblable à elle-même depuis cent ans passés, c'est-à-dire très plate, toujours encline aux capitulations et aux lâchetés, toujours digne de recevoir des conseils tels que l'ignominieux « songez à vos circonscriptions! » et toujours prompte à les suivre? Je l'ignore.

Vous êtes, si écrasants que soient probablement pour vous un si beau nom et une fonction si noble — quand elle est remplie — vous êtes représentant du peuple. Et je n'en demande pas davantage.

A vrai dire, c'est à un membre de notre Tribunal suprême que je devrais écrire, plutôt qu'à vous.

Mais quoi, l'heure n'est pas loin où la Cour de cassation va parler... Or, j'aime à me représenter les dignes magistrats qui la composent comme semblables à des prêtres qui, devant bientôt communier, surveillent leur âme, la veulent d'une pureté immaculée, nette de l'ombre même d'une pensée mauvaise, pour le moment solennel où ils s'approcheront de la Sainte Table. Oui, je me figure que ces magistrats qui vont juger, et dans quelle cause ! sont tout entiers à la justice, comme sont à leur Dieu ces prêtres qui vont recevoir le Saint Sacrement.

Si cette conception est naïve, si au contraire de louches intrigues rampent autour d'eux, et si, au lieu de chasser d'un grand geste indigné les démons tentateurs, tels d'entre eux prêtent peut-être l'oreille aux voix insidieuses qui murmurent dans l'ombre des choses propres à faire rougir la face auguste de la Justice — eh bien! il me plait d'être naïf et de croire obstinément que cette justice et la vérité prévaudront néanmoins dans leur cœur. Donc, que dans un recueillement profond, loin de nos querelles, du vain tumulte de nos détestables discordes, ces magistrats pèsent, scrutent, travaillent à débrouiller l'écheveau de la mystérieuse Affaire. Et que, dans ce grand silence, ils n'écoutent et n'entendent que la bonne conseillère intérieure qui leur crie, je veux l'espérer :

Fiat justitia et pereat mundus !

Parole superbe mais erronée en un point. Car c'est précisément quand la justice fait défaut que les peuples périssent, et non pas lorsqu'elle s'accomplit.

*
* *

C'est donc à vous que je m'adresse, monsieur le Député, à vous, gardien de la chose publique.

Vous avez pris connaissance des documents de l'enquête. Parmi les nombreuses et tristes réflexions qu'en suggère la lecture, voici deux remarques fort simples, à l'inquiétante obsession desquelles il est malaisé de se soustraire :

1° Une dépêche, émanant de l'ambassade d'Italie, et qui créait à tout le moins une très forte présomption d'innocence en faveur de Dreyfus, ne figure pas au procès de 1894. Mais ce même document se retrouve, quatre ans après, dans le fameux dossier secret, arche sainte de l'accusation. Seulement, de 1894 à 1898, le texte authentique de la pièce s'est modifié, et le document à décharge est devenu, on ne sait comment, un document à charge.

2° On interroge un témoin, l'honorable M. Painlevé, sur un détail relatif à la vie privée de Dreyfus. Il répond, et son témoignage, qu'il juge lui-même sans grande importance, n'est nullement défavorable à la moralité de Dreyfus. Or, on rédige après coup sa réponse, sans le prévenir; on lui

5

fait dire, dans cette rédaction, précisément le contraire de ce qu'il a dit, et cette réponse, sophistiquée comme la dépêche italienne, s'en va tout droit prendre place dans ce que M. Cavaignac n'hésite pas à appeler *un réseau de preuves qui permet de saisir la vérité*.

De quelque côté que l'on se tourne, des choses très laides offusquent nos regards. Férocité, perfidie, improbité cynique, fausseté, régnent dans nos mœurs. Une noire, une épaisse fumée de mensonge monte, se répand, envahit tout. Je sais des poumons pour qui l'air de France, empesté par ces miasmes, devient irrespirable...

Et si vous voulez savoir, monsieur le Député, d'où vient la crise aiguë qui éprouve si cruellement cette chose publique dont vous avez la garde, c'est de ceci tout simplement : que notre pays souffre de deux impérieux besoins auxquels ceux qui ont charge de ses destinées semblent vraiment trop peu pressés de donner satisfaction. L'un est le besoin de vérité, l'autre le besoin de justice, qui, au fond, ne constituent qu'une seule et même aspiration de sa conscience profondément émue.

** **

Et ce qui la trouble à ce point, le voici.

Sur ce maudit procès de 1894 planait déjà, comme nous le disait l'autre jour Cornély, le spectre sanglant du colonel Henry. Qu'un ancien magistrat ose appeler cet homme *un soldat loyal, honnête et pur, dont un crime isolé, né de l'indignation, n'a nullement terni la vie sans reproche,* libre à lui. Il y a dans la conscience de ce magistrat des singularités que ne recèlent pas les consciences ordinaires.

Ces dernières sentent et raisonnent autrement. « Pourquoi, se sont-elles demandé, si l'on était certain de la culpabilité de Dreyfus, Henry a-t-il commis son crime? » Et pas une des explications embarrassées qu'on a essayé de donner n'a répondu encore à cette précise et redoutable question, tant de fois posée depuis huit mois. Or, voici que nous découvrons avec horreur que l'acte de ce malheureux n'est nullement le crime *isolé* qu'on est bien obligé d'avouer — Dieu sait avec quel regret! — mais que ce crime fait partie d'une série d'actes procédant du même esprit, de la même méthode, et tendant avec la même scélératesse au même but.

Et c'est pourquoi l'accusation peut entasser arguments sur arguments en faveur du jugement de 1894, nous affirmer que l'homme contre qui de pareilles machinations furent employées a été justement et légalement condamné : un irrémédiable discrédit pèse désormais sur cette accusation. Le faux du colonel Henry et les autres sophistications du même genre, clairement démontrées aujour-

d'hui, sont une tunique de Nessus indissolublement attachée à elle, un chancre qui la ronge, qui
détruit sa force.

Dans le cœur du pays, encore silencieux mais
épouvanté de ce qu'il apprend, s'amasse lentement
une formidable colère. Dieu veuille que l'on en
conjure à temps l'explosion! Car je sais bien qui
en payera les frais : l'armée, notre chère et vaillante et généreuse armée, que l'on a engagée follement, sous couleur de la défendre, sur un chemin
qui mène tout droit au désaccord aigu entre elle et
la nation. Et le jour où ce désaccord impie se produirait, nous n'aurions pas assez de larmes pour
pleurer comme il faudrait sur la mortelle blessure
qu'aurait reçue la patrie.

*
* *

Or, nous sommes menacés, paraît-il, de voir la
Cour de cassation, pour des raisons subtiles
auxquelles ce peuple de clair bon sens ne pourra
rien comprendre, refuser, elle aussi, de donner
satisfaction au besoin de vérité et de justice qui le
tourmente.

Si la Cour suprême, retenue par des considérations d'ordre juridique tirées de « l'absence de
fait nouveau », refuse la revision; si en outre elle
se dérobe à l'examen des motifs d'annulation, sous
prétexte que n'étant pas saisie de cet examen par

le Garde des sceaux elle ne peut s'en saisir elle-même, c'est alors, monsieur le Député, que votre rôle commence.

Un vrai rôle de représentant du peuple, monsieur, un rôle très beau, très grand, très bienfaisant! Car il ne s'agira plus pour vous, cette fois, de défendre les intérêts de votre clocher et de gagner les b nnes grâces de vos courtiers électoraux en grappillant dans notre malheureux budget de quoi leur complaire, — mais de parler au nom de la communauté française tout entière et de nous apporter à la tribune quelques-uns de ces accents généreux que nous ne sommes plus, hélas! habitués à entendre.

Vous direz donc au gouvernement qu'il serait inexcusable de laisser un virus aussi malfaisant que l'Affaire gangrener plus longtemps le corps toujours sain de la nation, quand il lui suffirait pour extirper ce ferment d'enfoncer résolument le scalpel dans l'horrible abcès qu'on a, par coupable imprévoyance ou lâcheté, stupidement laissé se former.

Le scalpel, c'est l'annulation du jugement qui a condamné Dreyfus. Vous réclamerez cette annulation, en rappelant les actes d'illégalité qui, entre autres choses étranges, ont marqué ce procès surprenant.

Dites très haut qu'un peuple peut se passer de tout plutôt que du pain quotidien de la justice;

qu'il languit et s'étiole quand on ne le lui donne pas, à moins qu'entrant soudain en une sombre fureur, il ne prenne de vive force ce qu'on refusait à sa faim. Ajoutez que la France, en particulier, ne saurait, sans une sensible diminution de sa haute renommée, renier ce principe de justice dont elle-même a proclamé à la face du monde la sainteté.

Avertissez que l'heure est très grave, qu'il se produit un terrible soulèvement des consciences, et que beaucoup de ces consciences sont celles d'excellents citoyens. Ces citoyens-là déplorent que l'excès, devenu intolérable pour eux, du mensonge et de l'iniquité les ait arrachés à la retraite et au silence qui leur étaient chers. Mais maintenant qu'on les a forcés à descendre dans la lice, ils y resteront, combattant avec une foi indomptable pour leur cause, dont ils croient fermement que le triomphe importe aux plus essentiels intérêts de la patrie.

Ah ! monsieur le Député, quel honneur que celui de jeter à ce pauvre pays, qui les attend depuis si longtemps, des paroles de loyauté comme celles-là ! Avec quelle avidité, quelle gratitude notre peuple entendrait enfin ce langage, dans lequel il se reconnaîtrait lui-même, où tous nous retrouverions avec bonheur le génie droit et franc de notre race ! Quel triomphe pour vous ! Quelle force pour votre parti ! Pour la Chambre elle-même, qui porte encore la tache du vote de la honteuse loi de dessaisissement, quelle réhabilitation !

Monsieur le Député, essayez donc d'avoir du cœur. Vous me direz que c'est un peu dur quand on n'en a pas l'habitude... Bah ! essayez tout de même. Nous vous en saurons gré, car vraiment cela nous changera. Et puis, qui sait ? le cœur est peut-être, à de certains moments, d'un aussi bon rendement électoral que la couardise. « Regardez du côté de votre circonscription », vous dirai-je à mon tour : je vous assure qu'il s'y passe quelque chose... Si ce n'est presque rien encore aujourd'hui, méfiez-vous de demain ! Il y a dans la montagne de petits nuages qui montent lentement du fond des vallées. Ils ne sont pas plus gros qu'un ballon. Vous détournez la tête un instant. Et voici que tout le vaste ciel est envahi par eux...

Prenez garde aux petits nuages qui commencent à monter du fond de la conscience de notre peuple[1] !

1. C'est deux jours après la publication de cet article dans le *Figaro*, que se produisit à l'École polytechnique un incident dont il fut à cette époque beaucoup parlé dans la presse, et qui retentit jusqu'à la Chambre. On trouvera, réunis en appendice à la fin du volume, un certain nombre de documents relatifs à cet incident, en particulier le compte rendu officiel de la séance de la Chambre dans laquelle l'honorable M. Gouzy, député du Tarn, adressa une question à M. de Freycinet, ministre de la Guerre, sur la suspension du cours d'histoire et de littérature à l'École polytechnique. On sait qu'à la suite de cette séance, M. de Freycinet donna sa démission.

EXAMEN DE CONSCIENCE

8 mai 1899.

J'ai été, depuis quelques jours, beaucoup loué et beaucoup blâmé. Cela prouve simplement que j'ai vécu. Et il faut vivre, en ce moment surtout. Vivre : c'est-à-dire agir.

Avec une modération, un tact qui ne surprendront aucun des lecteurs de cette vieille et glorieuse feuille où les bonnes traditions de la presse courtoise d'autrefois se sont conservées, les *Débats* me blâment de n'avoir pas choisi entre mes opinions revisionnistes et mes fonctions de professeur.

Il est probable, certain même, que plus d'une personne dont l'estime m'est précieuse — comme me l'est celle de l'auteur de l'article — m'adresse intérieurement le même reproche. L'occasion me paraît bonne pour m'expliquer un peu sur ce sujet.

Le cas de conscience qu'on me reproche d'avoir

résolu de la façon que l'on sait, je l'ai débattu avec
moi-même. J'ai gardé longtemps un silence qui
me pesait. Je ne l'ai rompu que lorsqu'une force
d'indignation et de douleur patriotique devenue
tout à fait irrésistible m'a poussé. Ce que nos adversaires ne veulent pas comprendre, quand ils
osent essayer encore de servir à la crédulité publique leur vieille bourde du « Syndicat de trahison », c'est que nous sommes à l'heure qu'il est,
en France, une innombrable quantité de gens qui
éprouvent ces impérieuses sollicitations de la
conscience que j'ai connues, auxquelles j'ai cédé.
Et c'est pourquoi le parti revisionniste, minorité
agissante et croyante, soutenue par une foi profonde en la bonté de sa cause, a successivement
triomphé de tous les obstacles dressés contre son
ardente revendication de vérité et de justice.

Ma démission, j'ai songé très sérieusement à la
donner. J'avoue que je n'en ai pas eu le courage.
Si l'on savait ce qu'est pour moi cet enseignement,
dans la grande maison où l'on m'a fait l'honneur
de m'admettre, quelle chose très haute et très
noble est à mes yeux la fonction que j'y exerce,
quelle est la nature des services que j'essaye d'y
rendre, peut-être comprendrait-on que j'aie faibli.
On manque un peu de résolution quand on aime.
Ma faute est d'avoir trop aimé mon École.

D'ailleurs, j'étais sûr que même au plus fort de la mêlée où j'allais me jeter, il ne m'arriverait jamais d'écrire un mot, un seul mot, qui ne respirât le plus tendre respect pour l'armée.

Ce mot, ce mot coupable, l'ai-je prononcé ? L'autre jour, à la Chambre, a-t-on pu le citer et me flétrir en le citant, comme on aurait eu mille fois raison de le faire, si ma plume n'avait pas reculé devant la faute de l'écrire ?

J'ai quelque idée pourtant que mes modestes articles ont dû être regardés de près — et par d'autres que par l'honorable M. Gouzy, qui a hautement déclaré, sans pouvoir être démenti par personne, qu'ils étaient à cet égard « *irréprochables* ». Et il m'aurait semblé si honteux qu'ils ne le fussent pas, que c'est à peine si j'ai éprouvé un petit sentiment de fierté, quand j'ai appris que cet éloge m'avait été décerné, devant les représentants de mon pays, par un ancien officier dont les sentiments pour l'armée, le patriotisme sont apparemment aussi purs, aussi exigeants que ceux de tel journaliste qui réclamait ma révocation « *par mesure d'hygiène morale* ».

Et quelle était la situation quand je me suis décidé à les écrire, ces articles? Je voyais avec douleur s'engager un conflit qui conduisait tout droit l'armée à un désaccord, sacrilè; à mes yeux, entre elle et une portion de jour en jour plus considérable de la nation. De part et d'autre, on échangeait des accusations injustes et violentes.

— Vous préférez l'esprit de corps à la justice, disaient certains civils aux militaires. Vous êtes de dures cervelles, obstinément butées sur une idée fixe. Vous vous suggestionnez les uns les autres à ce point, que si l'un de vos chefs vous déclarait qu'il fait nuit en plein midi, vous l'affirmeriez après lui. « *Si l'Église romaine enseigne qu'une chose qui nous paraît blanche est noire, nous devons la déclarer noire immédiatement* », a dit Loyola. Vous n'êtes au fond que des nourrissons des Jésuites.

« La bataille qui se livre en ce moment est la lutte de l'esprit moderne contre toutes les forces coalisées du passé, et c'est là ce qui fait sa gravité et son ampleur. Or, on a eu la machiavélique habileté — pauvres guerriers sans clairvoyance que vous êtes! — d'obtenir de vous, en vous trompant outrageusement avec la grossière amorce d'un prétendu « *honneur de l'armée* », que vous vous rangiez comme un seul homme du côté de ce passé détestable, qui tâche en ce moment de nous ressaisir... Et nous en concluons que nous ne pouvons plus vivre avec vous. La nation vous rejettera de son sein comme un corps étranger. Plus d'armée!... »

A ces coupables paroles d'autres répondaient, qui n'étaient ni plus mesurées, ni plus justes. Les militaires exaspérés rendaient outrage pour outrage. J'entendais cela. Je vous prends à témoin que depuis près de deux ans, cet affreux concert d'invectives échangées déchire nos oreilles. Or, il déchirait mon cœur en même temps.

*
* *

J'ai donc pensé qu'il était urgent qu'une voix s'élevât pour dire aux innombrables braves gens des deux camps en proie à cette sombre fureur qui les jetait comme des bêtes les uns contre les autres : « Ne faites pas cela! Cela est impie! »

Et il m'a semblé que ma voix serait peut-être mieux entendue qu'une autre, non pas que j'eusse la vanité de lui croire une force autre que celle de sa sincérité, mais parce qu'on sait que cette voix est celle d'un homme qui appartient presque autant à l'Armée qu'à l'Université, et s'il m'est permis de tout dire, parce que cet homme porte un nom qu'il n'a pas fait lui-même, mais dont il essaye au moins de soutenir l'honneur en s'appliquant, selon ses forces, à imiter de très loin quelques-unes des vertus du bon citoyen qui le lui légua.

Et c'est pourquoi je me suis jeté entre les combattants, parlant de justice et de vérité aux militaires, de respect de l'armée aux défenseurs de Dreyfus, suspect à tous ces furieux, traité — ô douleur! — en ennemi, en déserteur dans celui des deux camps qui a, je ne dirai pas la meilleure, mais certainement une bonne moitié de mon cœur... Il y a des heures très pénibles dans la vie. J'en connais peu qui le soient plus que celle où l'on est obligé de violer la plus intime pudeur de son âme pour expliquer ce que l'on croyait que tout le monde aurait compris...

Mais puisque l'éminent homme d'État qui hier encore était mon ministre a estimé et cru devoir, il y a quelques jours — avec une discrétion dans le blâme qui révélait la haute sérénité d'un sage — indiquer à la Chambre que j'avais un peu franchi certaines *limites* en deçà desquelles doit se tenir *celui qui ambitionne l'honneur d'instruire la jeunesse*, je suis bien forcé de dire publiquement des choses que j'aurais voulu garder pour moi.

Entre deux devoirs, celui de professeur et celui de citoyen, j'ai non pas sacrifié mais très légèrement subordonné pour un moment le premier au second : j'attends qu'un républicain se lève et me déclare que j'ai mal agi.

**

Oserai-je ajouter que la résolution que j'ai prise d'entrer dans la bagarre n'a pas été sans entraîner quelques sacrifices, que je ne voudrais pas faire sonner bruyamment — Dieu m'en garde!

— mais qui pourtant méritent, il me semble, d'être pris en considération par qui voudra juger équitablement ma conduite?

Je ne parle pas ici des lettres anonymes injurieuses, des outrages, des perfides impostures de la basse presse. On pose sur les lâches auteurs de ces vilenies, dont j'ai eu ma bonne part, un tranquille mépris, large et lourd comme une dalle, — et on passe.

Mais ces mêmes élèves, qui me haïssent aujourd'hui, ces élèves, naguère encore, me faisaient sentir, par la chaude cordialité de leur accueil, qu'ils me rendaient au moins un peu des sentiments dont j'avais le cœur plein, quand j'arrivais avec la bonne parole de tolérance, de justice, de liberté, de patriotisme que je leur apportais. Cette affection si douce, je savais que j'allais la perdre.

Je devinais aussi que je perdrais des amis, de vieux amis de vingt ans, à qui je n'ai jamais songé à demander compte de leurs opinions et qui ne me pardonnent pas d'exprimer les miennes.

Et puisqu'on m'a mis publiquement sur la sellette l'autre jour à la Chambre, puisque le pays s'occupe, non de ma personne — qui n'est rien, — mais de mon cas, parce qu'il est, hélas! tristement significatif de l'effrayant recul des idées libérales dans cette vieille maison qui pendant plus d'un demi-siècle en avait été la plus sûre citadelle, qu'on me permette donc de tout dire.

Il y a, très près de moi, quelqu'un qui porte mon nom — et qui est officier... On devinera peut-être, sans qu'il soit besoin que j'insiste, le petit drame intime qui s'est joué au plus profond de moi-même, quand ma conscience m'a ordonné de prendre, dans la douloureuse affaire qui divise le pays, une attitude dont je sentais bien qu'elle allait me faire passer — et à quels yeux peut-être ! — pour un ennemi de l'armée... J'ai pris conseil alors de quelqu'un à qui je pense toujours dans les moments difficiles de ma vie, — de quelqu'un qui n'est plus. J'ai entendu comme une voix romaine qui me disait : Va!

Et j'ai marché.

Et si d'aventure il y avait dans le peu que j'ai fait les éléments d'une petite — oh ! très petite ! — leçon de caractère, je ne regretterais pas de l'avoir donnée à mes élèves en échange de celles d'un autre ordre qu'on leur a supprimées.

L'irréprochable serviteur de la France qui me blâmait il y a quelques jours, M. de Freycinet, doit savoir que ce qui nous manque le plus à cette heure c'est le caractère, et que ce qu'il faudrait surtout apprendre à nos enfants — dussent les « limites » être un peu franchies, — c'est à être des hommes.

APRÈS L'ARRÊT

4 juin 1899.

Comme j'achevais la lecture des dernières lignes de l'arrêt qui soulevait enfin la pierre tombale cruellement scellée sur cet homme — innocent et condamné — j'entendis soudain une voix intérieure qui disait :

« O Vérité ! Vérité ! Nous t'aimions bien, nous tous, savants, philosophes, historiens, « intellectuels » honnis hier encore par la foule ameutée, nous, dont c'est le métier de te chercher, comme le plongeur cherche la perle au sein profond des eaux !

« Nous savions qu'il est doux de te poursuivre, enivrant de te posséder, et que pour une simple parcelle qu'il dérobe à ton trésor mystérieux, le cœur de celui qui t'aime vraiment se gonfle d'une joie sublime et se sent près d'éclater, sous la poussée de sainte allégresse que lui procure son larcin.

« Nous savions que dès qu'on a trempé ses

lèvres à la coupe où bouillonne ton vin généreux, toute liqueur autre que celle-là paraît fade et dégoûte. Nous étions épris de ta beauté sévère, auprès de laquelle pâlissaient à nos yeux tous les charmes factices d'où nous te sentions absente. Mais, amoureux de ta beauté, nous ne connaissions pas ta force et nous demeurons éperdus devant elle, à présent qu'il nous est donné d'en mesurer la puissance.

*
* *

« O Vérité, Vérité, quelle victoire est la tienne! Vois ce champ couvert de débris : c'est ce qui reste de tous les obstacles qu'on a successivement dressés devant toi et qui se sont l'un après l'autre effondrés, sous le poids vainqueur de ton pied!

« Oh! tes ennemis n'avaient rien oublié pour entraver ta marche. Les vils prêtres de l'imposture s'étaient astucieusement emparés de l'âme de notre peuple. Ils y avaient distillé goutte à goutte, avec une infernale industrie, le poison de leurs mensonges. Ils avaient persuadé à la France de se défier des instincts de son généreux cœur : et ce cœur, au spectacle de la plus cruelle infortune, avait refusé de battre. Ils lui avaient dit de se défier de sa raison: et le clair bon sens de cette sage nation s'était converti en une épaisse imbécillité, crédule aux plus stupides niaiseries, réfractaire aux plus lumineuses évidences. Ils lui avaient conseillé de se défaire de son antique esprit de tolérance : et le pays de Voltaire était devenu la proie du plus sombre, du plus hideux fanatisme. Vraiment, il y eut des heures où il semblait qu'on assistât à l'agonie de la France ; et c'était un spectacle à pleurer de douleur, que celui d'un tel peuple tombé à ce degré d'aberration, d'avoir laissé prendre à de tels hommes la direction de sa conscience !

« Et ce n'est pas tout. Sur la monstrueuse iniquité dont ils avaient juré d'empêcher la réparation, ils avaient élevé tout un énorme édifice destiné à protéger l'œuvre infâme en la cachant. Et toutes les forces sociales s'étaient mises en mouvement, toutes les classes de la nation avaient apporté leur pierre, afin que l'édifice fût plus indestructible. Puis, au sommet, ils avaient — les sacrilèges ! — planté le cher et glorieux drapeau, le drapeau de la France, mère auguste de la justice. Après quoi ils avaient crié d'une voix menaçante : « Ne touchez pas à notre œuvre ! Vous voyez bien qu'elle est sacrée, puisque c'est le drapeau même de la patrie qui l'abrite ! »

« O Vérité, tu vins et — comme au son des trompettes de Josué s'abattirent les murailles de Jéricho, — ainsi s'écroulèrent à ton approche formidable les assises superposées de la pyramide de mensonges dont l'ombre immense enténébrait notre pays.

Oui, ce fut une longue et très rude bataille que celle qui vient d'être gagnée, sous les yeux du monde, témoin palpitant de ce grand duel! Mais comment la victoire nous aurait-elle échappé? Aux plus humbles de tes confesseurs tu communiquais un peu de ta force indomptable. De très modestes voix sentirent tout à coup, par une étrange et soudaine révélation, qu'une vertu secrète de persuasion venait de naître en elles et qu'elles devaient l'utiliser. Et cette vertu, c'est toi qui la leur conférais, rien qu'en les chargeant de parler en ton nom.

« Dans le cœur de tes plus fiers ennemis, au contraire, tu jetais le trouble et l'effroi. Toi que nous trouvions si belle, tu leur apparaissais, à eux, comme une tête de Méduse qui les paralysait. Inspirés par toi, nous entendions chanter en nous les magiques paroles qui vont aux cœurs et qui les touchent, qui éveillent en eux la pitié, la sainte passion de la justice. Nous gagnions chaque jour des recrues à notre cause, nous désagrégions peu à peu les épais bataillons qu'on nous avait opposés.

« Eux, les adversaires, glacés par ton clair regard, se sentaient sans force pour te combattre. Il y a quelques jours à peine, nous les écoutions, répondant aux questions que quelqu'un leur posait. Quelle pitié de les entendre! Comme le ricanement de l'un sonnait faux! Comme la sotte vanité de l'autre résonnait piteusement dans le grelot de sa pauvre cervelle! Rien, rien de sincère dans ces froides réponses apprêtées, si ce n'est l'immense lassitude exprimée par leur chef[1].

« Et c'est d'un autre style, avec d'autres accents que les tiens répondaient. Quelque chose de chaud passait dans leurs paroles, attestant l'existence du brûlant foyer intérieur dont tu avais embrasé leurs cœurs, et qui manquait dans ceux de tes adversaires... O Vérité! tes soldats auraient tort de tirer gloire pour eux-mêmes du succès remporté! Nous n'avons vaincu que parce que tu combattais avec nous. Du plus grand au plus humble, nous n'avons été que des instruments entre tes mains robustes. Et c'est toi seule qui fus la toute-puissante artisane de ce mémorable triomphe. »

Comme cet hymne s'achevait dans ma pensée, j'entendis tout à coup une autre voix, une voix éplorée qui montait du fond de mon cœur et qui disait :

« Ne triomphe pas! La victoire que vous remportez est belle, mais elle est mouillée de trop de

1. Voir la très intéressante série des interviews publiées au mois de mai dans la *Liberté* par M. Marcel L'Heureux : réponses de plusieurs notables membres du parti « antidreyfusard » aux questions posées sur les causes déterminantes de leur opinion dans l'Affaire.

larmes pour qu'il convienne de la célébrer joyeusement. Tu montrais à la Vérité les ruines des obstacles qu'elle a renversés... Hélas! il y a d'autres ruines, en France, que celles-là!

« Regarde autour de toi : le sol en est couvert... Voici d'abord les ruines des anciens partis. Est-ce un mal, est-ce un bien que ces moules étroits soient brisés à jamais? Qui peut le dire, avant qu'on sache ce qui de ce chaos va sortir ? De grandes calamités, une France pire ?... Meilleure, peut-être, et regénérée par la crise même?... On ne sait. Mais le doute est cruel, angoissant. C'est l'avenir de la patrie qui se joue. Hélas! que nous sommes pauvres d'hommes! Où est celui dont les mains puissantes sauront avec ces matériaux épars échafauder la France de demain, la fraternelle et pacifique cité que je vois confusément flotter dans les brumes incertaines de l'avenir?...

« Autres ruines, plus douloureuses à contempler que celles des vieux partis disloqués et réduits en miettes : les ruines de la concorde nationale... C'en est fait de l'union entre les citoyens de ce malheureux pays. Ni dans un camp, ni dans l'autre, jamais on n'oubliera, jamais on ne pardonnera ce qui s'est dit, ce qui s'est fait pendant les longs mois de la lutte impie. Ces esprits saturés de fureur ne désarmeront pas; ils garderont le dur pli de haine qu'ils ont contracté. Nous sommes condamnés à la guerre civile que se livrent, sans

trêve et sans pitié, par l'injure, par les récriminations mutuelles, par la mise hors la loi quotidienne
et sauvage, des partis rivaux, acharnés à exercer
les uns sur les autres de féroces représailles.

« Et voici une autre ruine encore: le respect de
l'armée, qui ne se relèvera jamais des coups qu'il
a reçus et dont les plus dangereux ne lui ont pas
été portés par les ennemis perfides de cette généreuse armée, mais par les insensés qui se sont fait
de son honneur une conception détestable...

— A moins pourtant, reprit la voix après un silence, que sur les débris des anciens partis, des groupements nouveaux, plus rationnels et meilleurs,
plus favorables au progrès d'un grand peuple libre
ne s'opèrent; à moins que dans le cœur de cette nation, lasse enfin de haïr, un immense besoin d'apaisement ne remplace la rage furieuse qui l'a trop
longtemps possédée; à moins qu'à l'ancien esprit
militaire, qui tenait un peu de l'esprit de caste, n'en
succède un nouveau, plus large et plus humain,
mieux adapté aux exigences de notre état social :
métamorphose heureuse, qui établira sur une base
beaucoup plus solide qu'autrefois l'amour et le respect de notre peuple pour une armée où il retrouvera ses aspirations les plus chères... Oui, tout cela
est possible. L'horrible crise n'aurait donc pas été
uniquement malfaisante. Un avenir prochain le
prouvera peut-être. Mais dans quel état elle a mis
présentement ce pays !...

« Tu vois bien qu'il serait impie de triompher. Et, de même, tu ne dois pas avoir pour les vaincus de paroles amères. Si quelques-uns d'entre eux se sont montrés féroces, ne les imite pas. Qui sait d'ailleurs s'ils ne furent pas aussi sincères que tu le fus toi-même? Souviens-toi du vent de folie qui, durant de longs mois, souffla sur la France. Tu as respiré comme eux cet air-là. Qui te dit que leur démence particulière, laquelle ne fut que l'envers de la tienne, ne les a pas réellement empêchés de voir cette vérité difficile à discerner, dont tu fus peut-être, toi, un peu trop prompt à proclamer l'évidence?

« S'ils ont combattu avec acharnement pour une cause dont ils ont cru que le triomphe importait essentiellement au pays, toi qui, pour la même raison, as travaillé avec une ardeur égale au succès de la tienne, as-tu bien le droit de leur reprocher une passion dont tu ne fus pas exempt toi-même?

« Va, plains-les plutôt. Leur effort a été immense. Leur accablement doit l'être aussi. N'insulte pas ces vaincus. Dis-leur qu'il ne doit plus exister entre vous, adversaires acharnés de la veille, qu'une seule rivalité : celle d'une généreuse émulation dans l'œuvre qui de toutes est la plus urgente à cette heure, l'œuvre de réconciliation nationale... »

* *

Ainsi parla la voix plaintive qui succédait à cette sorte d'hymne triomphal que j'avais entendu d'abord chanter en moi. J'écoutai attentivement cette voix. Puissent beaucoup de mes concitoyens l'avoir de même entendue et comprise!

Et voici maintenant qu'un souvenir s'éveille dans ma pensée : celui d'un manifeste qu'Henry de Navarre adressait, il y a un peu plus de trois siècles, à nos pères du temps de la Ligue, ces pères lointains dont nous venons de voir revivre sous d'autres noms les passions que l'on croyait mortes à jamais.

En ce temps-là, comme aujourd'hui, la France, partagée en deux camps, était en proie à un sombre délire.

« *Je vous conjure tous par cet écrit*, disait le Béarnais à ces forcenés, *autant catholiques comme ceux qui ne le sont pas. Je vous appelle comme Français. Je vous somme que vous ayez pitié de cet État... Je vous conjure de dépouiller les misérables passions de guerre et de violence, de quitter toutes nos aigreurs pour reprendre les haleines de paix et d'union, les volontés d'obéissance et d'ordre, les esprits de concorde... J'appelle notre noblesse, notre clergé, nos villes, notre peuple : qu'ils considèrent ce que deviendra la France, si ce mal continue...* »

Hélas! il n'est plus de Béarnais aujourd'hui.

M. le duc d'Orléans s'est chargé lui-même de nous en fournir la preuve dans cette proclamation d'il y a trois mois, que n'eût pas signée son ancêtre. Je cherche parmi nous le puissant écrivain ou le puissant orateur capable de jeter à ce peuple une haute, une souveraine parole de fraternité. Et jamais je n'ai mieux senti combien la grande âme d'un Lamartine nous manque.

PITIÉ POUR LA FRANCE

11 juin 1899.

Je me disais :

Quand l'arrêt aura été rendu et l'erreur judiciaire de 1894 reconnue, nous allons donner au monde un beau spectacle. Fidèles à l'engagement pris, nous nous inclinerons tous avec respect devant l'auguste sentence. Les vainqueurs triompheront sans arrogance et se garderont comme d'une tentation peu généreuse de tout acte, de toute parole même qui pourraient paraître inspirés par une pensée de représailles ou de haine ; les vaincus déposeront sans regret ces armes avec lesquelles ils ont fait une guerre si cruelle à la vérité et à la justice.

Et tandis que le vaisseau ramènera du fond de son sépulcre lointain l'innocent, dans l'attente du dernier acte de ce drame, nous nous recueillerons, nous ferons gravement notre examen de conscience.

Les partisans de Dreyfus penseront :

« Nous avons aimé et cherché la vérité. Mais à peine en avions-nous entrevu la lueur, nous avons déclaré que cette lueur était aveuglante et que des méchants seuls pouvaient se refuser à la voir. Or, cette vérité que nous avons, dès le premier jour, prétendu posséder tout entière était une vérité fuyante, malaisée à saisir. La preuve en est que de dignes magistrats, ayant l'expérience de ces difficiles recherches, disposant de mille sources d'information qui nous manquaient, ont mis des mois et des mois à la dégager des voiles sans nombre dont elle était enveloppée. Nous avons donc un peu péché peut-être par orgueil en la proclamant si vite. L'événement sans doute a justifié notre clairvoyance; mais il ne nous absout pas complètement du reproche d'avoir été trop prompts à taxer de sottise ou de mauvaise foi ceux qui n'avaient pas eu les mêmes rapides intuitions que nous.

« Et de même, nous avons aimé et voulu la justice. Mais cet amour, que nous avions pour elle, nous a peut-être induits à méconnaître la grave complexité du douloureux problème posé devant la conscience de notre peuple. Si quelques-uns, trop rares! n'ont jamais admis qu'on pût, sans commettre un crime envers la patrie, opposer l'un à l'autre l'amour de la justice et le respect de l'armée, combien parmi nous n'ont-ils pas travaillé à soulever un détestable conflit entre ces deux sentiments?... »

— Et les autres, me disais-je, ceux qui jusqu'à la dernière minute ont combattu la réparation de l'iniquité, avoueront à leur tour : « Notre dure obstination fut coupable. Elle a fait un mal affreux au pays. Sans elle, l'œuvre de la revision pouvait être entamée deux ans plus tôt. Nous l'avons repoussée avec acharnement. Pour l'écarter, nous avons tout mis en jeu. Mensonges impudents, violence, scandaleuse indulgence pour un faussaire et pour un bandit, rien ne nous a coûté. Quel égarement fut le nôtre !... »

Et, chacun des deux partis ayant loyalement reconnu ses torts, nous nous serions — adversaires de la veille enfin guéris de leur fureur impie — solennellement réconciliés dans une pensée d'amour pour la France, notre mère commune... Oui, voilà ce que j'attendais, ce que j'ai ardemment souhaité. J'ai cru à la vertu pacificatrice de l'arrêt.

*
* *

Ai-je eu raison, ai-je eu tort d'y croire ?

Après avoir lutté avec une énergie désespérée et peu scrupuleuse sur le choix des moyens, les adversaires de la revi'on, quelques jours avant l'arrêt, ont changé tout à coup de tactique.

« L'affaire Dreyfus, ont-ils dit, qu'est-ce que cette vétille ? Moins que rien. Coupable ou innocent, ce juif ? En vérité, que nous importe ? Nous croit-on capables de nous émouvoir pour si peu ?

Au diable cette sensiblerie sans élégance! Qu'est-ce qu'un homme, un vil sémite, au prix des intérêts dont nous avons la garde, nous, feuilles dévotes, feuilles nationalistes, feuilles de « la France aux Français », feuilles bien pensantes, chères à la noblesse et à la bourgeoisie, aux militaires, aux prêtres et aux snobs?... Peu nous chaut d'avoir contre nous l'Évangile, si nous avons pour nous l'Église et si nous avons l'Armée!... Or nous les tenons l'une et l'autre, et nous les garderons. Faites-vous donc rendre votre Dreyfus, si le cœur vous en dit! Nous, nous continuerons à jurer devant Dieu et même devant Jéhovah, que nous sommes les défenseurs de la France conservatrice, catholique et militaire. Et nous vous dénoncerons de plus belle comme ennemis de l'ordre, de la religion, de l'armée, dreyfusards détestés, révolutionnaires et « sans-patrie » que vous êtes!... »

C'est ainsi que ces hommes avisés s'efforçaient prudemment d'amortir la rudesse du coup qu'ils sentaient suspendu au-dessus de leurs têtes. Aux yeux du lecteur impudemment berné depuis de longs mois, nourri de bourdes énormes qu'on lui présentait sans vergogne comme vérités démontrées, il fallait « sauver la face » et mentir encore, pour paraître ne pas avoir menti.

Vint le jour où l'arrêt solennel fut prononcé, accablant du poids de l'unanimité des quarante-sept magistrats les inavouables espérances fondées sur la loi de dessaisissement.

Que faire, que dire, comment redresser la tête sous un pareil coup de massue? Comment? Eh! mon Dieu, rien de plus simple : en outrageant grossièrement ces membres des trois Chambres qu'on avait promis de respecter, tant qu'on avait pu les croire capables de l'infamie qu'on attendait d'eux.

Et les aboyeurs ordinaires de la presse se déchaînèrent, et nous entendîmes avec un inexprimable dégoût traiter de stipendiés du Syndicat ces loyaux et francs juges, devant qui les bons citoyens ne sauraient s'incliner avec trop de respect et de reconnaissance, car en écoutant simplement la voix de leur conscience, ils ont fait une chose d'un beaucoup plus haut prix encore que de réparer une iniquité : ils ont, de la façon la plus claire et la plus certaine, sauvé par leur arrêt l'honneur même de la France.

Et je prie qu'on veuille bien me croire quand j'affirme à ceux qui n'ont jamais rien voulu comprendre aux mobiles profondément respectables de l'immense majorité des membres du parti revisionniste, que ce n'est pas pour un homme, quelque profonde compassion qu'il nous inspirât, mais pour une idée que nous avons combattu, — une idée très haute et très noble, l'idée de justice, que nos pères avaient confiée à la vigilante sollicitude de notre peuple après avoir prodigieusement peiné pour la faire rayonner sous les yeux du monde dans tout l'éclat de sa divine beauté, et dont nous avons cru que l'éclipse était de nature à diminuer sensiblement la grandeur morale de la patrie.

****

Précautions d'une enfantine ingéniosité prises par certains journaux pour atténuer auprès de leur clientèle l'effet de l'arrêt défavorable qu'ils prévoyaient ; basses injures jetées à la face des magistrats coupables d'avoir rendu cet arrêt : il n'y avait pas en somme dans tout cela les indices d'une rébellion caractérisée contre l'œuvre de la Cour de cassation.

Mais voici qui me paraît beaucoup plus grave. Quelqu'un n'a pas craint d'insinuer :

L'arrêt n'est qu'une *opinion*. Cette opinion n'est pas nécessairement destructive de l'opinion contraire. L'opinion d'innocence a pour elle des magistrats. Celle de culpabilité se réclame de plusieurs ministres de la Guerre, de généraux, d'officiers. Il y a donc ballottage. A défaut de la certitude absolue au sujet de la culpabilité, un grave doute subsiste au sujet de l'innocence. Réfugions-nous dans ce doute. N'hésitons pas à déclarer au pays qu'il ne saura jamais le mot de la terrible énigme. Refusons à cet arrêt importun la pleine adhésion de nos consciences. Subissons-le, sans nous reconnaître convaincus par lui...

Et à la suite de ce raisonneur subtil, en voici d'autres dont la brutale franchise complète la thèse.

On a tendu, osent-ils dire, un piège au Conseil de guerre qui doit se réunir à Rennes. On ne livre à son arbitrage souverain que le bordereau. La justice militaire par conséquent, limitée dans son action, n'est plus libre... Et la conclusion inexprimée, mais facile à déduire de ces prémisses, est celle-ci : L'arrêt de la Cour de cassation, simple *succès de procédure qui ne signifie rien pour le fond de l'affaire*, est négligeable ; le jugement du Conseil de guerre, même si ce Conseil est obligé de prononcer l'acquittement de Dreyfus, ne prouvera pas son innocence... Admirez, je vous prie, la beauté du sophisme !

Ainsi, une longue et laborieuse enquête de plusieurs mois aura été faite par des hommes dont c'est précisément la fonction de procéder à la manifestation, souvent si ardue, de la vérité ; — les résultats de cette enquête auront été contrôlés par d'autres magistrats, adjoints aux premiers justement à cette fin de contrôle ; — les membres des trois Chambres réunies auront été unanimes sur le principe de la revision, ce qui en l'espèce équivaut moralement à la proclamation de l'innocence du condamné : et la sentence rendue dans de pareilles conditions, par des hommes présentant de telles garanties de compétence et d'équité, inaccessibles aux détestables suggestions de l'esprit de corps — l'un des grands coupables de l'Affaire! — cette sentence, dis-je, ne prévaudra pas sur l'avis exprimé par cinq ministres, dont il n'est pas un seul qui n'ait été enveloppé, trompé, dupé par les deux principaux artisans de la condamnation du malheureux Dreyfus!

Ainsi, le Conseil de guerre de Rennes sera entravé dans son action parce qu'il ne devra, en 1899, porter ses investigations que sur l'unique pièce qui servit de base au procès de 1894! Les nouveaux juges militaires auront les mains liées, paraît-il, parce qu'on les empêchera de tirer parti, — comme certains le voudraient, dans leur désir de voir condamner une seconde fois Dreyfus, — de cet édifiant dossier secret, composé Dieu sait comment, de ce dossier à trois compartiments, dont un pour les faux, que M. le commandant Cuignet présentait naguère à la Chambre criminelle avec une si remarquable sérénité!

Et le pauvre pays affamé de quiétude et de paix, le pays qui demande enfin une certitude après ces longs mois de doute angoissant, — la France, dont ces gens-là se prétendent les bons serviteurs, n'aura ni cette paix ni cette certitude bienfaisante, parce qu'il ne plaît pas à quelques journalistes de reconnaître qu'ils se sont trompés!

Ils tiennent leur juif : rien ne l'arrachera de leurs griffes. Car ce juif providentiel est la justification de la haineuse doctrine dont ils ont déchaîné le fléau sur la France, l'argument vainqueur jeté à notre peuple pour exaspérer jusqu'au paroxysme sa rage. La culpabilité de ce juif, ce n'est pas seulement en gros tirages de journaux qu'elle se monnaye : c'est en suffrages des sacristies et des salons, en applaudissements de la foule égarée, en popularité... Tu vois bien, juif, merveilleuse et irremplaçable poule aux œufs d'or, qu'il faut de toute nécessité que tu restes le Traître ! Si tu cessais de l'être, une de nos plus notables industries péricliterait. Peu importe que la France pâtisse, pourvu que le glorieux antisémitisme prospère !

*
* *

Tournons-nous donc vers les bons citoyens, puisque de ces hommes de mauvaise foi et de violence on ne peut rien attendre qu'un criminel acharnement dans le mensonge et dans la fureur.

A ces bons citoyens nous disons, nous qui avons signé récemment ce nouvel Appel à l'union[1] qui

1. APPEL A L'UNION. — Les soussignés protestent contre la démonstration scandaleuse et factieuse qui a outragé la France dans la personne de M. le Président de la République.

Ils rappellent que les adversaires de la revision du procès Dreyfus, par cela même qu'ils ont demandé que la Chambre criminelle de la Cour de cassation fût dessaisie, se sont engagés à s'incliner devant l'arrêt rendu par les Chambres réunies.

6.

devrait être entendu, — car hors de la doctrine exposée par lui il n'y a point de salut pour ce

Ils constatent que l'engagement n'est pas tenu et que la Cour est injuriée par les mêmes hommes qui injuriaient la Chambre criminelle.

Ils conjurent leurs compatriotes de considérer qu'en dehors de la soumission à l'arrêt rendu, après une si longue et si impartiale enquête par la Cour suprême, qui a été unanime sur le principe de la revision, il n'y a plus qu'illégalité, violence, anarchie.

Ils réitèrent la déclaration de leur respect envers la justice et envers l'armée que l'on ne peut opposer l'une à l'autre sans détruire la patrie.

Ils protestent de nouveau contre l'injustice qui consiste à rendre l'armée responsable des fautes de quelques hommes.

Ils réprouvent comme haineuse et funeste l'idée de représailles à exercer, mais ils pensent que tous les actes coupables doivent être déférés à la justice, toute suspension de l'action de la justice étant un acte révolutionnaire et de nature à troubler la conscience nationale.

Ils émettent le vœu qu'après que la justice aura prononcé il soit usé de clémence dans la plus large mesure possible.

Ils répètent avec de nouvelles et plus vives instances leur appel à l'union et prient tous les bons citoyens de travailler à la réconciliation nationale, pour sauver la liberté, l'honneur et l'existence même de la Patrie.

Paris, le 15 juin 1899,

BEAUMONT, ancien chef d'institution; BOUTMY, membre de l'Institut; BOUTROUX et Adolphe CARNOT, de l'Institut; CHARAVAY, archiviste-paléographe; Jules CLARETIE, de l'Académie française; J. CORNÉLY, publiciste; Gaston DARBOUX, de l'Institut; Gaston DESCHAMPS, homme de lettres; George DERUY, professeur à l'Ecole polytechnique; J. FABRE, sénateur; H. FERRARI, directeur de la *Revue Bleue*; Raymond KŒCHLIN, publiciste; G. LARROUMET, de l'Institut; J.-P. LACRENS, de l'Institut; LAVISSE, de l'Académie française; Charles DE LAYENS; H. LEMONNIER, chargé de cours à la Sorbonne; Anatole LEROY-BEAULIEU, de l'Institut; E. MERCADIER, directeur des études à l'Ecole polytechnique; Pierre MILLE, publiciste; Gaston PARIS, de l'Académie française; Fernand DE RODAYS, directeur du *Figaro*; SULLY PRUDHOMME, de l'Académie française; Paul VIOLLET, de l'Institut.

malheureux pays — nous disons : De grâce, travaillons tous d'un cœur résolu à l'œuvre sainte de la réconciliation nationale. Plus de récriminations, plus d'injures, plus de haines !...

Et nous nous adressons aussi à l'armée. Nous la supplions, avec le tendre respect que nous n'avons jamais cessé d'avoir pour elle, de se mettre en garde contre les détestables conseillers qui l'entourent et qui l'exploitent. Ils finiraient par lui persuader qu'elle est en possession d'une sorte d'infaillibilité et de droit divin. Or, ce sont là choses que nous ne sommes plus disposés à reconnaître à personne, pas même à elle, que nous aimons.

C'est un métier qui, depuis quelques mois, est devenu singulièrement rémunérateur que celui de courtisan de l'armée : que l'armée regarde autour d'elle, et qu'elle compte! Chose assez remarquable, les représentants les plus éminents du dilettantisme égoïste, du scepticisme, de la sèche ironie, de la « blague » même se sont, les uns après les autres, métamorphosés en champions bruyants du patriotisme et de l'armée.

Demande-leur, ô soldat qu'ils adulent, depuis combien de temps ils t'ont découvert, depuis combien de temps ils t'aiment, quelle est celle des vertus de la profession qu'ils pratiquent, et s'ils sont bien sûrs de ne pas te « blaguer » quelque jour, quand le vent aura tourné, et que les applaudissements se recueilleront autrement!

Réprouve la campagne de discorde et de rébellion qu'au nom d'un soi-disant « honneur de l'armée », qui a déjà fait tant do mal! tes flatteurs se préparent à entamer maintenant contre l'équitable et sage arrêt de la Cour. S'ils essayent de te persuader que la réparation d'une lamentable erreur est un affront pour toi, réponds-leur que c'est précisément en tenant ce langage que l'on te fait injure. S'ils insistent, s'ils te poussent à refuser la loyale adhésion au jugement qui va proclamer l'innocence de l'un des tiens, d'un frère d'Alsace, d'un martyr, réplique-leur que tu laisses à d'autres les haines stupides et féroces; que tu veux être un bon citoyen; que la meilleure manière de l'être présentement est de travailler à l'apaisement de passions funestes; que tu as pitié de la France, et que tu t'inclineras enfin, sans arrière-pensée, devant la majesté de la Loi.

Après quoi, tu pourras regarder bien en face ceux qui t'enjôlent, comme ceux qui t'outragent, et leur dire :

— Je suis au-dessus de vos flatteries intéressées comme de vos injures. Ni les unes ni les autres ne montent jusqu'à la région sereine qu'habite mon esprit, et sur laquelle plane la seule et auguste image de la Patrie. Mauvais citoyens ou mauvais Français, passez votre chemin, et laissez-moi à ma tâche!...

DEUXIÈME PARTIE

L'AFFAIRE DREYFUS & L'ANTISÉMITISME

Il ne me semble pas qu'à l'heure présente nous soyons encore dans les conditions requises pour formuler sur l'affaire Dreyfus un jugement équitable et complet, c'est-à-dire définitif dans la mesure où peuvent se flatter de l'être les jugements historiques, desquels on peut dire, sans manquer de respect à la noble science dont c'est précisément la fonction principale de les rendre, qu'ils ne sont souvent qu'une vérité approximative et provisoire : approximative, parce que la vérité totale et absolue est infiniment difficile à saisir; provisoire, parce que la vérité historique, modifiée, renouvelée par les apports que fournissent des documents nouveaux, successivement mis en lumière, reste longtemps dans une sorte de nuance, avant d'acquérir au moins sur certains points une stabilité à peu près assurée.

Or, plusieurs éléments nous manquent pour juger cette crise formidable :

1° La connaissance du caractère véritable de

certains faits, par exemple, ou des mobiles de certains hommes, faits et mobiles qui demeurent encore enveloppés d'ombres épaisses;

2° Le recul dans le temps, aussi nécessaire à la vision historique que le recul dans l'espace l'est à l'autre, pour embrasser convenablement un vaste ensemble de faits et attribuer à chacun d'eux, considéré non plus en lui-même, mais relativement aux autres, ses justes proportions;

3° Le mystérieux travail que ce même temps opère sur les événements, les dépouillant insensiblement de ce qu'ils eurent de contingent et d'accessoire, — c'est-à-dire de ce qui précisément avait frappé avec le plus de force les yeux des premiers témoins, — pour ne leur laisser que la charpente intime et essentielle, le squelette, si l'on peut dire : simplification précieuse, qui permet à l'historien de les étudier avec plus de sûreté, de saisir les rapports cachés, les relations d'abord invisibles des faits, et de conclure dans des conditions qui laissent moins de chances à l'erreur.

Il n'en est pas moins vrai que certaines vérités partielles sont acquises, qui trouveront plus tard leur place dans le jugement d'ensemble qu'on ne saurait formuler encore. Il serait téméraire, à mon avis, de prétendre établir avec certitude les responsabilités particulières de tels ou tels hommes, car les éléments essentiels d'une exacte détermination de leur rôle, détruits, cachés ou ensevelis

dans les divers dossiers « diplomatiques » ou
« secrets » qu'on ne pourra de longtemps consulter, nous font défaut. Mais il est au moins une
responsabilité qu'on peut et qu'on doit dès maintenant affirmer hautement : celle de l'antisémitisme, *créateur et seul bénéficiaire* de l'affreuse
convulsion qui vient d'ébranler la France jusque
dans ses fondements.

I

Que l'antisémitisme se trouve à la racine même
de l'affaire Dreyfus, c'est un fait qui ne me paraît
pas contestable, et dont il serait peut-être superflu
d'entreprendre la démonstration, tant l'évidence
en est manifeste, si l'on n'avait tenté à plusieurs
reprises de donner le change sur la véritable origine de l'affaire.

Des préventions antijuives existaient indubitablement dans le milieu même où se sont formés
les premiers soupçons contre Dreyfus. Elles ont
prédisposé à le trouver suspect, puis coupable,
beaucoup de ceux dont le témoignage fut recueilli
dans l'enquête discrète qui précéda et prépara
l'arrestation de ce malheureux. Qui oserait affirmer, après avoir lu l'acte d'accusation dressé
contre lui en 1894, que s'il se fût appelé Benoît ou
Durand, on eût osé édifier sur des bases aussi peu

solidés un procès de haute trahison? En dépit des renseignements malveillants fournis par tous ceux de ses camarades dont l'hostilité sourde contre ce juif ambitieux, envahissant et hautain éclata dès qu'elle eut une occasion de se manifester, les charges rassemblées, ces mêmes charges qu'on déclara plus tard accablantes, parurent si pauvres, que l'arrestation était déjà opérée depuis plusieurs jours, l'affaire instruite, et que le ministre hésitait encore à l'engager définitivement.

Quelle est alors, à ce moment où tant de calamités futures pouvaient être épargnées au pays par l'abandon du procès, quelle est l'attitude de la presse antisémite?

Seul de tous les journaux parisiens, son moniteur officiel est au courant de ce qui se prépare. La *Libre Parole* sait qu'un officier juif est arrêté : comment le sait-elle, sinon parce qu'elle a dans la place des amis et qu'un de ces amis, — on a plus tard appris que cet ami n'était autre que le colonel Henry, — comprenant de quel intérêt est pour elle la révélation d'un tel secret, s'est empressé de le lui livrer? Elle sait que le ministre hésite néanmoins à aller jusqu'au bout : le même informateur sans doute lui a fait part de ces hésitations. Laissera-t-elle donc échapper un semblable coup de partie?

Quoi! proclamer depuis dix ans qu'Israël est un serpent perfide que la généreuse France a imprudemment réchauffé dans son sein, répéter chaque jour, sur tous les tons, à ce peuple qu'Israël est l'ennemi, qu'Israël est la cause de toutes ses misères, que l'agiotage, les spéculations scandaleuses, l'opulence effrontée des hauts barons de la finance disparaîtront, du jour où le monstre qui se gorge de l'épargne française aura été abattu, — et souffrir qu'un capitaine juif soupçonné de trahison ne soit pas traduit devant le Conseil de guerre ! Où, quand, comment, se retrouvera cette providentielle occasion de prouver à la France qu'on ne l'a pas trompée en lui prêchant l'extermination d'Israël ? Quel récit enflammé des brigandages financiers perpétrés par lui vaudra le simple geste que l'antisémitisme pourra faire en montrant du doigt le front de ce Judas dont le forfait monstrueux résume et symbolise l'infamie cent fois dénoncée de sa race ?

Je demande à tous ceux qu'intéresse cette question de la genèse de l'affaire Dreyfus, je leur demande de lire attentivement les articles consacrés par la presse antisémite au ministre de la Guerre pendant les quelques jours où cette presse a pu croire que sa proie allait lui échapper. Sommations violentes, injures, menaces : toutes les cordes de la lyre antijuive résonnent simultanément. Jamais pression plus audacieuse, plus brutale ne s'est exercée sur un homme d'État. Le ministre décide enfin que Dreyfus sera traduit devant un Conseil de guerre. Le jour même, il est porté aux nues par les mêmes journaux qui la veille l'accablaient d'invectives.

Tel fut le prologue du drame. Qui osera prétendre que l'antisémitisme n'a pas été le metteur en scène de la pièce?

II

Et qu'il ait été de plus le seul bénéficiaire de la calamiteuse affaire, au milieu de ce pays si cruellement éprouvé par elle, c'est ce que je voudrais maintenant établir.

Des forces sociales essentielles, telles que la magistrature et l'armée, sortent affaiblies de la crise. Ce n'est pas impunément que le plus haut tribunal de France, et que le haut commandement de l'armée tout entier ont été l'un comme l'autre traînés dans la boue. Les honteux excès auxquels s'est laissé entraîner la polémique exaspérée des deux partis aux prises a eu pour conséquence logique une diminution sensible de la confiance et du respect dont devraient être inviolablement entourés ceux qui président à l'administration de la justice ou à l'emploi de la force d'un grand peuple.

L'Église, autre force sociale respectable, a été semblablement atteinte.

Au lieu de se tenir à l'écart de la bataille, — ou de n'y intervenir que pour représenter ce qui manquait également aux fous furieux des deux camps, c'est-à-dire la charité, la prudence, la modération, l'équité, toutes choses si conformes à l'esprit de son institution, — elle a ceint ses reins pour la lutte et s'est montrée singulièrement ardente au combat.

Si cette attitude médiocrement évangélique n'avait eu pour effet que d'émouvoir douloureusement quelques-uns de ses fidèles, tels que les nobles esprits qui ont fondé le Comité catholique pour la défense du droit[1], — aussi impuissant, hélas, que notre Comité d'Appel à l'union! — le mal en somme ne serait pas grand pour l'Église.

Mais elle a ravivé comme à plaisir la haine de ses vieux adversaires. Elle leur a fourni un thème d'accusations nouvelles, d'autant plus dangereuses qu'elles rajeunissent d'antiques griefs à demi oubliés, dont la majorité des Français commençaient à sourire, quand on osait encore les évoquer devant eux. Elle a enfin, — et c'est là peut-être la conséquence la plus fâcheuse de sa violente intervention dans le conflit, — quelque

---

1. MM. Auvrard, ancien officier de cavalerie; Armand Brette; J. Chauvin; Hervé de Kérohant; Leroy-Dupré; baron de Lourmel; abbés Martinet et Pichot; Camille Pinta; J. Quincampoix; Rollet; H. Saint-René Taillandier; Édouard Viollet; Paul Viollet, de l'Institut.

peu découragé l'esprit de tolérance chez certains hommes qui, sans être précisément de ses fidèles, méritaient encore moins d'être comptés au nombre de ses ennemis, et qui, surpris ou même alarmés du fanatisme que viennent de révéler les moines ligueurs de ces *Croix* qu'elle n'a pas désavouées, se demandent aujourd'hui si les intentions conciliantes de leur propre libéralisme ne sont pas une duperie, si la paix est possible avec qui ne respire que la guerre, si la résistance n'est pas chose obligatoire, envers qui convoite toujours la domination.

*
* *

Jetez les yeux sur les ci-devant « classes dirigeantes » : le rôle que la noblesse et la haute bourgeoisie ont joué dans la crise, non seulement n'a pas relevé leur crédit, mais a marqué, si je ne m'abuse, un nouveau progrès dans le déclin de leur autorité morale et de leur prestige aux yeux du pays, qui sent un abîme de jour en jour plus profond se creuser entre ses aspirations et les leurs.

Les siennes sont celles, assez confuses, d'une démocratie inexpérimentée, dont toute l'éducation est à faire, pauvre de guides sages, riche au contraire de dangereux courtisans, qui cherche maladroitement et péniblement sa voie, mais qui la cherche avec une constance, une foi véritablement admirables du côté de l'avenir.

Les leurs sont celles d'une minorité mécontente, inquiète, aigrie, livrée à toutes les suggestions d'un conservatisme étroit et peureux, incroyablement stérile, et exaspéré de son impuissance.

La douloureuse Affaire leur fournissait l'occasion de se rallier avec éclat à une grande cause et de servir la leur propre en la défendant. Noblesse et haute bourgeoisie d'il y a un siècle n'y eussent vraisemblablement pas manqué. Car le généreux et libre esprit du défenseur de Calas animait les « classes dirigeantes » de ce temps-là. A part quelques rares et honorables exceptions, qu'ont fait les nôtres, si ce n'est d'adopter non seulement le programme antijuif de spoliation et de proscription qui se retournera contre elles au premier jour, mais aussi la conception monstrueuse d'un « honneur de l'armée » exigeant sous couleur de patriotisme la glorification du crime, — ce crime fût-il, comme celui qu'elles ont publiquement absous et honoré, l'un des plus honteux qu'un homme, qu'un soldat puisse commettre?...

Il y a des gens qui pensent que l'embrigadement en masse des « classes dirigeantes » dans les rangs de l'antisémitisme nationaliste équivaut à la constatation de leur irrémédiable déchéance. Leur adhésion au boulangisme les avait montrées prêtes à tout pour la satisfaction de leurs rancunes, — fût-ce à jeter la patrie dans les bras du plus médiocre et du plus dangereux des aventuriers, sans souci du terrible contre-coup de guerre civile et de guerre étrangère qu'aurait eu nécessairement le succès de cette coupable entreprise. La présente crise nous a appris qu'elles étaient incapables d'une conception politique plus généreuse et plus haute que de se placer sous le protectorat déshonorant d'un parti de fanatiques et de sicaires, et, qui plus est, de se croire très habiles en s'y plaçant, — ce qui prouve le caractère incurable de leur aveuglement.

L'affaire Dreyfus a donc définitivement dressé leur acte de décès. Il est permis de jeter un regard de mélancolique regret sur la tombe où gisent des forces qui, autrement et mieux dirigées, auraient pu s'exercer utilement au service de la patrie...

*
* *

Considérez maintenant les partis politiques.

Le groupe équivoque des « ralliés » s'est évanoui. Les éléments dont il se composait sont allés s'agréger de nouveau, selon la loi de leurs affinités naturelles, à la masse de l'opposition conservatrice, d'où une opération quelque peu louche les avait momentanément distraits.

Parmi les partis qui subsistent — et qui tendent de plus en plus à se fondre en deux grands groupements rivaux, l'un se réclamant avec plus ou moins d'énergie de la Révolution, l'autre la reniant publiquement ou en secret, — pas un qui ne porte au flanc une blessure que l'affaire Dreyfus lui a faite.

Monarchistes, conservateurs de toute nuance, encourent précisément les mêmes reproches que méritent les « classes dirigeantes » dont ils sont les mandataires.

Les républicains modérés ont prouvé qu'un parti politique peut être riche en talents sans l'être en caractères[1], et l'émiettement du groupe des progressistes est le juste châtiment de la pusillanimité d'hommes dont toute la politique, pendant de longs mois, n'a été que l'application du précepte où fut condensée la quintessence de la lâcheté parlementaire, le jour où du haut de la tribune tomba l'ignominieuse parole : « Songez à vos circonscriptions! » quand il fallait songer uniquement au salut du Droit, menacé d'un hypocrite attentat.

Les républicains avancés ont été plus braves que ces pâles et tremblants représentants de l'opinion républicaine modérée. Mais qui ne sait, qui ne voit qu'un très grand nombre d'entre eux, — ceux d'extrême gauche, notamment, — ont mêlé à leur revendication de justice des calculs intéressés

---

1. Ceci, bien entendu, ne saurait s'appliquer à ceux des membres de ce parti qui, à l'exemple de M. Scheurer-Kesner, furent les courageux promoteurs de la revision.

qui en altèrent la noblesse, à leurs plus éloquentes invectives contre certaines fautes ou certains crimes un esprit de dénigrement et de haine contre l'institution militaire tout entière? Et quel homme ayant au cœur l'amour de la patrie, pourrait leur pardonner de battre en brèche méchamment comme ils font, sous prétexte qu'elle a besoin d'être restaurée sur quelques points — ce qui est vrai, — la vieille et glorieuse citadelle à laquelle trente-huit millions de Français doivent de pouvoir vivre indépendants et respectés?

Ainsi, de quelque côté que nous tournions nos regards, des blessés jonchent le champ où la rude bataille vient d'être livrée. Et il faudrait une grande puissance d'illusion pour ne pas voir que la République elle-même est atteinte, — si grièvement, que c'est une question de savoir si les mains de ceux qui essayent, à l'heure où je trace ces lignes, de panser ses plaies et de la guérir par l'administration de remèdes plus énergiques que la molle médication de leurs devanciers, parviendront à la sauver.

*
* *

Mais sur ce champ encombré de mourants et de morts quelqu'un triomphe : l'antisémitisme. Et je ne comprendrai jamais que le cœur d'un bon citoyen ne soit pas pénétré de douleur et de honte, au spectacle d'un triomphe aussi affligeant.

Saluez l'horrible vainqueur! C'est pour lui, pour sa gloire, pour l'asservissement de ce généreux peuple à sa doctrine de haine, d'envie, de discorde sociale, que la France, la malheureuse France, s'est de ses propres mains déchirée avec rage. C'est pour lui, et non pas pour « l'honneur de l'armée » — affiche trompeuse de la farce sinistre qui s'est jouée! — qu'a été livré ce long combat contre la justice, qui a failli déshonorer la France aux yeux de l'humanité.

Évaluez, si vous pouvez, l'énormité des gains qu'il a réalisés.

Conquis, le clergé. Que dans le sanctuaire de la conscience de certains prêtres, demeurés fidèles à l'esprit de l'Évangile, une silencieuse protestation s'élève çà et là contre la sanguinaire propagande antijuive : je veux l'espérer encore. Il n'en est pas moins vrai que la grande majorité des membres du clergé approuve cette propagande et l'encourage en y adhérant du cœur — quelquefois même de la plume ou des lèvres.

Conquise, l'armée. Comment nier une vérité si douloureuse, quand on connaît ce que nous connaissons tous sur l'intolérable situation faite aux officiers israélites? Ils savent pourtant mourir comme d'autres pour la France, ces parias. Le sang récemment versé par le capitaine juif Salomon Braun, ne me paraît pas être d'un prix moindre que celui de son chef chrétien, Bretonnet.

Si l'armée n'était livrée qu'aux seules inspirations de son cœur, qui est généreux et brave, il y a longtemps qu'elle rougirait de ces odieuses persécutions. Rendre toute une race — et que de choses à dire encore sur ce mot ! — responsable du crime commis par l'un de ses représentants est déjà chose d'une révoltante injustice. Je ne trouve pas d'expression pour qualifier l'acte de rendre cette race responsable d'un crime dont, après l'arrêt de la Cour de cassation et le jugement de Rennes, il est à tout le moins malaisé d'être absolument sûr que l'auteur soit Dreyfus.

Mais quoi ! ce n'est pas son cœur que l'armée écoute en ce moment, pas plus que sa raison[1]. Je l'aime assez — et d'un amour qui a fait ses preuves — pour oser, non sans tristesse, le lui dire, dans l'espoir, probablement chimérique, qu'elle est encore capable d'entendre une voix sincère, autre que celle de ses ordinaires et détestables flatteurs. Ce qu'elle écoute, c'est sa colère. Cette colère, en partie justifiée par d'intolérables outrages, sert

1. Voici le fait divers, tristement significatif de cet état d'esprit déplorable, qu'on pouvait lire récemment dans les journaux :

Soupçonné de « dreyfusisme », c'est-à-dire d'être réfractaire au dogme de l'innocence d'Esterhazy et du « patriotisme » d'Henry, le lieutenant X... était l'objet de mauvais procédés de la part de ses camarades. Il se bat en duel au pistolet avec l'un d'eux, essuie son feu, tire en l'air, lui tend la main — que son adversaire refuse.

trop utilement les louches intrigues qui s'agitent autour d'elle pour qu'on ne s'applique pas à l'entretenir. Et c'est à quoi s'emploient à l'envi avec une merveilleuse habileté tous les fauteurs de *pronunciamientos* qui s'ingénient à faire en sorte que l'armée ne cesse pas d'être mécontente, — sachant que c'est pour eux la seule chance d'obtenir à la longue qu'elle cesse d'être loyale.

Conquise, la haute société, et la petite qui s'applique à la singer! — conquis, les clubs, les salons : l'antisémitisme est une opinion distinguée, dont le port est à peu près aussi obligatoire pour la légion des snobs mondains que la casquette du « chauffeur », et les pantalons retroussés.

Conquise, enfin, une partie notable des classes ouvrières. Janus à deux faces, — l'une réactionnaire et cléricale, qu'il offre aux baisers conservateurs, l'autre révolutionnaire, qu'il présente aux embrassades populaires, — l'antisémitisme a eu l'art de persuader, à beaucoup de membres du prolétariat, que la suppression des inégalités sociales avait pour condition première la confiscation des fortunes juives, comme si l'exemple des États-Unis, — où je ne sache pas que les différents « rois » du pétrole, du fer, du cuivre, des chemins de fer et autres aspirants milliardaires, soient des juifs, — ne prouvait pas avec évidence que les monstrueuses accumulations de capitaux dans les mains d'un seul homme ne peuvent pas être imputées a crime à une collectivité particulière, même si quelques-uns de ses représentants sont insolemment riches en effet, mais qu'elles sont la résultante de causes économiques auxquelles race et religion sont également étrangères. De sorte que, infidèle comme la noblesse et la bourgeoisie aux traditions du génie libéral et humain de notre race, le peuple lui aussi — ce pauvre peuple éternellement dupé, — s'est mis à boire à longs traits les sophismes empoisonnés de la prédication antijuive.

III

Il s'agit de savoir si un pays tel que le nôtre va être livré sans défense aux entreprises d'un parti dont la clientèle bigarrée va de la Maison de France aux abattoirs de la Villette, du Jockey-Club aux portefaix d'Alger, et qui n'aurait à nous offrir comme don de joyeux avènement qu'un répugnant mélange de réaction et de démagogie.

Qu'on n'objecte pas que ce parti ne parviendra jamais à s'emparer légalement du pouvoir. S'il ne parvient pas lui-même à le conquérir, il peut s'en emparer indirectement, en aidant à le saisir des alliés animés du même esprit que lui. Or, ces alliés existent. Une restauration de la monarchie équivaudrait indubitablement à la mainmise de l'antisémitisme sur la France et en produirait à peu

près tous les effets, puisque royalistes et antisémites fraternisent aujourd'hui, — à telles enseignes
que le dernier manifeste de M. le duc d'Orléans
n'est, dans sa partie principale, que le développe-
ment d'un des thèmes favoris du programme
antijuif. Car entre tant de choses surprenantes
de ce temps, nous avons vu celle-ci : ayant à
choisir entre deux de ses ancêtres pour leur demander des exemples, Henri IV qui donna l'Édit
de Nantes à son peuple, Louis XIV qui le révoqua,
le « roi » s'inspire non du premier, mais du second, et n'hésite pas à notifier à la France que la
grande pensée de son futur règne ne sera autre
que de nous montrer en sa personne sur le trône
rétabli une sorte de chargé d'affaires de l'antisémitisme.

Pour s'emparer du pouvoir, il y a d'ailleurs des
moyens autres, — la France le sait, — que les voies
légales. Il est bon de ne pas l'oublier, au moment
où l'antisémitisme semble disposé à passer des
spéculations de ses théoriciens aux menées fac-
tieuses des hommes de main et des louches aventuriers, dont la présence dans les rangs du parti
vient d'être révélée par des faits précis, par des
actes du plus inquiétant et du plus coupable caractère.

Libre aux modernes « muscadins », dont la
canne aime à s'exercer sur la tête d'un Président
de République, aux écervelés, à la boutonnière

desquels l'œillet blanc royaliste ou le bluet anti-juif a remplacé l'œillet rouge du temps de « la Boulange », libre à tous ces fous de trouver charmant le tenorino de l'antisémitisme, ce M. Max Régis qui venait naguère exhiber à Rennes, pendant le tragique procès, ses bracelets d'or, « double boucle » d'amour, dont la tendresse idolâtre des *moukers* algériennes a paré ses poignets.

Libre à eux de goûter aussi le plaisant badinage auquel le jeune tribun s'est livré, lorsque, de retour en sa bonne ville d'Alger, il eut l'idée galante de l'initier au spectacle des dramatiques péripéties du siège d'un nouveau « Fort Chabrol », et se mit à fortifier sa « Villa Antijuive », désormais historique, en jurant, — lui aussi! — d'y mourir. Après quoi, sans même attendre que les larmes provoquées par l'annonce du sanglant sacrifice eussent cessé de baigner les yeux cernés de kohl qui les versaient, ce héros fila prestement sur l'Espagne, où l'âme du Cid Campeador, apparemment, lui avait donné rendez-vous.

Encore que le cabotinage en soit un élément essentiel, il n'y a pas que du cabotinage dans les farces héroï-comiques dont MM. Jules Guérin et Max Régis viennent d'offrir la représentation au pays. Il y a la loi impudemment bravée par deux effrontés gaillards qui paraissent bien avoir quelques-unes des aptitudes requises pour devenir à un moment donné des meneurs, — avec lesquels il

faudrait compter, — de la plus basse démagogie. Je
regrette que la situation d'accusé dans laquelle se
trouve en ce moment le premier de ces deux personnages, m'empêche de m'expliquer librement
sur sa récente équipée...

Que des gens éprouvent le besoin bizarre de se
saluer « bien antisémitiquement » dans les lettres
qu'ils échangent, cela prouve seulement que ces
gens sont très jeunes : avec l'âge, le goût des enfan-
tillages leur passera. Mais dans ces mêmes lettres
ils parlent aussi, comme d'une chose toute simple,
de « décerveler » tel préfet qui n'a pas l'avantage de
leur plaire, de recourir aux « bayados » ; et ce langage, que je ne comprends pas très bien, me paraît
cependant assez clair pour m'inspirer certaines
inquiétudes sur l'état d'esprit qu'il semble révéler
chez ceux qui l'emploient. A tort ou à raison, je
me figure que l'acte de « décerveler un youpin »
et de jouer des « bayados », doit présenter certaines analogies avec la besogne qu'accomplissaient
« bien anticalvinistement » dans la nuit du
24 août 1572 des hommes à qui quelqu'un criait :
« Saignez, mes amis, saignez ! »

Oserai-je dire que cette impression est confir-
mée en moi par la lecture des édifiants com-
mentaires qui accompagnaient les souscriptions
adressées à la *Libre Parole* en l'honneur du colonel
Henry ? Je vois qu'il y est beaucoup question
d' « étriper » les Juifs. Cette expression, si heureu-

sement empruntée à l'art de la charcuterie, n'étant pas au-dessus de mes connaissances philologiques, je comprends.

Or, qu'un regain de Saint-Barthélemy lève, en cette fin du xixe siècle, sur notre terroir de France, labouré par Voltaire, ensemencé du grain de la Déclaration des Droits de l'Homme : c'est là un phénomène qui fait plus que de me surprendre et de m'affliger, — qui m'indigne comme un affront sanglant infligé à ma patrie.

Et voilà pourquoi ce m'est une douleur sans égale que de voir, au milieu des ruines qui jonchent notre sol, passer, florissant et prospère, le monstre qui les a faites : l'Antisémitisme.

L'AFFAIRE DREYFUS ET LA PRESSE

Si l'on me demandait quelle est la caractéristique par excellence de l'affaire Dreyfus, je répondrais sans hésiter que c'est d'avoir été l'œuvre de la presse — qui n'avait pas encore accompli et vraisemblablement n'accomplira pas de longtemps une besogne où apparaisse plus clairement sa formidable puissance.

I

Un jugement est rendu, en 1894, par un Conseil de guerre. Ce jugement, tout le monde, — y compris celui qui écrit ces lignes, — l'accepte, comme établissant d'une façon indubitable qu'un certain homme a trahi. Peu importe qu'il soit juif ou chrétien. C'est un Français; c'est un soldat; il a commis le plus grand des crimes que puisse commettre un Français et un soldat. Il est frappé du maximum de la peine que la loi, — trop indulgente puisqu'elle n'inflige pas à ce crime suprême la suprême expiation, — affecte à la punition d'un tel forfait. C'est fort bien. Si la conscience publique ne se montre pas pleinement satisfaite, ce n'est pas contre la rigueur, encore moins contre la justice du châtiment qu'elle murmure : c'est contre son insuffisance.

Près de trois ans se passent, et coup sur coup, en 1897, de graves révélations se produisent. Une illégalité a été commise qui, au point de vue purement juridique, vicie radicalement ce jugement. Les recherches de la famille du condamné — qui seule ne l'a jamais cru coupable — ont abouti à la découverte d'un homme qu'elle affirme être le véritable auteur de l'acte de trahison, et, contre cet homme, des charges formidables se dressent : identité de son écriture et de celle du document qui a fait condamner Dreyfus; immoralité profonde, attestée par une correspondance qui le montre capable de toutes les scélératesses; besoins d'argent; haine et mépris de cette France dont il porte l'uniforme...

Dans ces conditions, quel devait être le rôle d'une presse qui aurait eu le souci de remplir honnêtement sa fonction? Communiquer avec loyauté les faits au public; les discuter librement, mais seulement après les avoir exposés; puis, ces faits étant manifestement des plus graves, inviter le gouvernement à saisir le pouvoir judiciaire, seul

compétent, de la mission de les élucider et de conclure. Moyennant quoi, la procédure de revision,
qui n'était pas plus offensante pour les juges militaires de 1894 qu'on n'a jamais eu l'idée de prétendre qu'elle le fût pour les juges civils, dont à la
même époque un jugement allait précisément être
cassé, — cette procédure salutaire, prévue par la
sagesse de la loi comme le correctif nécessaire de
la trop certaine faillibilité des jugements humains,
inscrite dans le Code militaire comme dans l'autre,
était acceptée sans résistance par l'opinion publique, par l'armée elle-même, et sans secousses,
sans crise, sans convulsions intérieures, aboutissait
dès les premiers mois de 1898 à un arrêt établissant moralement, comme l'a fait celui du
4 juin 1899, l'innocence de Dreyfus, qu'un nouveau
Conseil de guerre s'empressait vraisemblablement de proclamer à son tour... Dressez, s'il vous
plaît, le compte des douleurs et des hontes dont le
pays eût ainsi fait l'économie !

_

Mais cette même presse antisémite qui, comme
je l'ai montré plus haut, avait créé l'affaire Dreyfus, cette même presse veillait et n'entendait pas
perdre le bénéfice de la condamnation du capitaine
juif. Feuilles catholiques, royalistes, nationalistes,
ne demandaient qu'à faire campagne avec elle.

Une formidable coalition de presse se forme donc. Journaux de châteaux, de salons et de cercles ; journaux de sacristies; journaux populaires, disposant parmi les classes rurales et la petite bourgeoisie d'une immense clientèle ; journaux révolutionnaires, voire « communards », brusquement convertis au culte, nouveau pour eux, de « l'honneur de l'armée », tous à l'envi prennent position contre la revision du procès de 1894.

Il faut que ceux de mes lecteurs à qui les mœurs de la presse contemporaine sont étrangères, sachent qu'il est une chose à laquelle tout journal tient au moins autant qu'un Chinois tient à sa natte. Cet objet de son ardente sollicitude n'est pas, ai-je besoin de le dire? l'honorable préoccupation de ne pas commettre d'erreur, à plus forte raison de mensonge. C'est la crainte de se mettre maladroitement dans le cas d'être obligé de reconnaître qu'il s'est trompé, — je ne veux pas dire : qu'il a menti. Conserver aux yeux de la clientèle, du « fidèle abonné », de l'utile acheteur au numéro dont le sou quotidien alimente la caisse, conserver *per fas* et *nefas* un prestige d'infaillibilité; connaître toutes les ressources de l'art délicat qui permet de « sauver la face » du journal, quand le journal s'est mis dans le guêpier d'une affirmation par trop téméraire, d'une nouvelle par trop fausse; faire croire au public trompé qu'il ne l'a pas été, en escamotant industrieusement la preuve de l'erreur, ou en niant avec hauteur l'imposture, selon les cas : telle est la noble science qui devrait surtout s'enseigner dans cette École du journalisme qu'on vient de fonder.

II

Ce principe étant posé, le rôle de la presse dans l'Affaire, rôle prépondérant et néfaste, s'explique aisément.

Du jour où le mot de revision fut prononcé, la plus grande partie de la presse, la plus importante de beaucoup par le « tirage », puisqu'elle comptait parmi ses adhérents les journaux favoris des catégories sociales les plus diverses : aristocratie, clergé, bourgeoisie, paysans, ouvriers — « ponta », s'il m'est permis d'employer ce vocable d'argot de cercle, grossier mais expressif, — et ponta même avec rage sur la culpabilité de Dreyfus.

Le sophisme de « l'honneur de l'armée », fortifié de l'argument célèbre des « sept loyaux officiers » et des « cinq ministres de la Guerre qui ne peuvent pas s'être trompés », suffit à convaincre ceux des membres de cette presse qui sont honnêtes et soutint jusqu'au bout leur sincérité, devant laquelle il n'y a qu'à s'incliner.

Les autres obéirent à des mobiles divers, que je n'ai pas à rechercher. Mais un trait commun à tous les combattants de cette innombrable phalange de journalistes dressée contre la revision, c'est qu'ayant pris parti avec éclat dans un camp, ayant affirmé à leurs lecteurs qu'il n'y avait pas l'ombre d'un doute sur la réalité du crime commis par Dreyfus, ils étaient désormais, en vertu de la règle invariable de leur profession, prisonniers de leur affirmation, condamnés à la soutenir désespérément, à nier, à dénaturer, à falsifier, à supprimer tout ce que les événements apportaient contre elle d'arguments nouveaux, de témoignages décisifs, — ce à quoi ils n'ont pas manqué, comme on sait.

Jamais le fonctionnement de l'énorme machine à mensonges dont j'essaye d'expliquer ici le moteur, ne se manifesta d'une façon plus répugnante — et plus claire en même temps — qu'au moment où fut révélé le faux du colonel Henry. On se souvient de l'horreur causée par cette révélation, puis par le suicide mystérieux qui, vingt-quatre heures après, l'aggrava sensiblement, car il ouvrait le champ aux plus effrayantes hypothèses... Pendant deux jours, il se fit dans la presse anti-revisionniste un grand silence d'accablement, tant le coup était rude. Et l'impression du pays consterné était telle, que si, à ce moment, cette presse avait consenti à déclarer qu'après de tels événements la revision s'imposait, il ne se serait pas trouvé un seul homme politique — non pas même M. Cavaignac peut-être — pour la combattre.

Mais quoi ! Il fallait donc reconnaître qu'on s'était trompé et qu'on avait effrontément trompé le pays? Jamais !... Trois jours après le drame du Mont-Valérien, une explication timide de l'acte du colonel Henry se glissait sournoisement dans un de ces journaux, était reproduite aussitôt par les autres, reparaissait le lendemain, moins hésitante, plus affirmative déjà. Quelques jours encore, et la trouvaille géniale du « faux patriotique » était audacieusement lancée, accueillie avec enthousiasme, — précédant de peu l'annonce, plus géniale encore, de l'inoubliable souscription...

Et les compères rassérénés poussaient un grand soupir de soulagement, car la machine, un moment arrêtée pour avoir patiné dans le sang du faussaire, venait d'être remise en mouvement et fonctionnait de nouveau. Nous l'avons vue fonctionner ainsi, d'une vitesse sans cesse accélérée, jusqu'au jugement de Rennes, écrasant de plus belle vérité, justice, humanité, broyant comme un grain de sable l'arrêt de la Cour de cassation, ne cessant de souffler et de mugir qu'au terme dès longtemps fixé de sa course, la seconde condamnation de Dreyfus. Mais aussi, ce jour-là, ceux qui la manœuvraient ont pu dire fièrement au public : « Eh bien ! avions-nous assez raison de vous affirmer que la trahison du juif n'était pas douteuse?... »

La « face » était sauvée.

Je demande à tous les « antidreyfusards » de bonne foi d'interroger leur mémoire. Ils se rappelleront certainement qu'à cette heure tragique, — dont je me reproche presque d'évoquer le souvenir affreusement douloureux, — la revision leur apparut comme la seule solution possible et qu'il ne fallait pas les presser beaucoup pour leur faire avouer que l'innocence de Dreyfus prenait désormais à leurs yeux un caractère de grande vraisemblance. Ils reconnaîtront qu'il y eut alors un moment unique, — moment où la stupeur fut plus forte que toutes les passions, où la trêve se fit d'elle-même, comme par enchantement, et où l'Affaire pouvait être aiguillée le plus aisément du monde dans une direction tout autre que celle qui lui fut donnée par la suite pour le malheur de la France.

Je leur demande encore de dire pourquoi l'immense majorité d'entre eux a cessé si promptement de croire cette revision nécessaire et probable cette innocence. S'ils sont sincères, ils répondront que leur première impression s'est modifiée puis effacée, pour cette unique cause que leur journal s'est ingénié à la détruire et que — satisfaits eux-mêmes de ne pas être obligés de confesser une erreur, — ils ont accueilli avec empressement les sophistiques raisons qui leur étaient fournies de revenir avec plus d'ardeur que jamais à l'affirmation du dogme, un instant abandonné par eux, de la culpabilité du capitaine juif.

D'où je conclus que l'affaire Dreyfus, dans ses origines, dans les développements néfastes qu'elle a pris, dans son récent dénouement à Rennes, a été, du premier jusqu'au dernier jour, l'œuvre de la presse. Et je ne prétends pas exclure de l'accusation que je porte ici les journaux qui ont défendu Dreyfus : car s'ils ont plaidé sa cause avec courage, avec éloquence bien souvent, quelques-uns d'entre eux ont mêlé à cette défense de tels excès, de si regrettables violences, que l'acharnement de la presse adverse en a été décuplé.

III

Mais il y a, engagées dans l'Affaire, d'autres responsabilités que celles des deux grands coupables, — l'antisémitisme et la presse. Je ne parle ici, bien entendu, que des responsabilités collectives...

Le peuple français lui-même n'est pas sans reproche. Et comme j'estime que c'est mal aimer son pays que de ne pas avoir le courage de lui signaler avec franchise telle erreur ou telle faute qu'il a pu commettre, je dirai donc librement en quoi il me paraît coupable lui aussi.

A l'égard de l'infatigable ouvrière de mensonges qu'il a trouvée dans sa presse, il a fait preuve de la plus affligeante crédulité, il s'est montré, ce peuple si sensé d'ordinaire, dépourvu non seulement de sens critique élémentaire, mais de simple bon sens. Que des inventions aussi saugrenues que les fameuses « Lettres de l'empereur d'Allemagne » ou que le non moins fameux « Syndicat de trahison » aient pu devenir pour plusieurs millions de Français des articles de foi : c'est une constatation dont nous n'avons assurément pas lieu d'être fiers.

Passe encore pour les « lettres de l'empereur d'Allemagne ». Elles vécurent seulement ce que vivent les roses. Les ingénieux personnages qui les avaient lancées dans la circulation ne jugèrent pas à propos de les y laisser. Le silence et l'oubli terminèrent bientôt leur éphémère existence. Paix soit à leurs cendres, — si, comme il est probable, on les a brûlées.

Mais l'autre légende, celle du « Syndicat de trahison », vit toujours et n'est pas près de disparaître.

Qui en fut l'auteur? Je l'ignore. Fut-ce une création anonyme, le produit spontané d'esprits échauffés par l'Affaire? J'en doute. Je la croirais plutôt l'œuvre de quelque gaillard avisé, habitué à la recherche et à la trouvaille des « effets » qui conviennent au mélodrame et au feuilleton, connaissent à merveille les lois du fonctionnement de l'imagination populaire et les ressorts qui la mettent en mouvement.

Analysez, je vous prie, les éléments constitutifs de la donnée qu'expriment ces mots : « syndicat de trahison ». Vous y trouvez d'abord l'idée de conciliabules secrets, d'hommes qui rasent les murs pour se réunir en cachette dans quelque lieu inconnu et, là, travailler dans l'ombre à la préparation d'un horrible complot. Vous y trouvez aussi, étroitement unie à la première, l'idée d'un trésor mystérieux dont ces hommes disposent. Et tout cela : hommes, conciliabules, complot, trésor, tout est vague, imprécis, — et en raison même de cette savante imprécision, paraît plus formidable encore. Tels il y a un siècle, « Pitt-et-Cobourg », frères siamois de la trahison, que beaucoup de nos grands-pères prirent sans doute pour un personnage unique, monstre affreux, sorte de Briarée aux cent bras dont les mains innombrables étaient partout... Un trésor, des traîtres, un complot : le peuple frémit, car il retrouve, dans cette donnée puérile et terrifiante, les éléments d'émoi, de crainte, d'indignation qui lui sont familiers. Tous les feuilletons qu'il a dévorés, tous les drames dont il a suivi en palpitant les péripéties : *Latude, Monte-Cristo, Rocambole*, se dressent soudain dans son esprit à ce seul mot de « syndicat de trahison ». Inutile de lui en dire davantage. Il a compris. Il sait. Il croit.

Et le tour est joué.

*
* *

Donc il a été admis — et non par les ignorants seuls, les simples d'esprit, mais par des hommes

e.

appartenant à l'élite intellectuelle du pays [1], — il a été admis et ouvertement professé que quiconque a cru Dreyfus injustement condamné et a réclamé justice en faveur de ce malheureux, fut l'agent stipendié d'une association occulte et cosmopolite, puissante par ses propres richesses, grossies d'un flot d'or étranger, et que cette association, composée de juifs, s'est proposé de détruire, avec l'aide de « sans patrie » payés par elle, la puissance militaire de notre pays, afin de le livrer sans défense aux coups de l'Allemagne... Je n'ajoute rien à la thèse : je l'expose, dans son invraisemblable stupidité, telle qu'elle a été mille et mille fois développée dans les journaux qui se sont servis, qui se servent encore d'elle quotidiennement.

Il me paraît humiliant que de pareilles niaiseries aient pu être prises au sérieux par un si grand nombre de mes concitoyens et que dans la foule de ceux qui ont cru au «syndicat», il ne se soit pas trouvé un seul homme d'esprit assez judicieux et assez indépendant pour faire en lui-même les

1. Voici ce qu'on peut lire, dans l'*Éclair* du 4 novembre 1899, sous la signature de M. Louis Dausset, secrétaire de la Ligue de la Patrie Française :

« Comment une minorité turbulente et sacrilège serait-elle parvenue tout récemment encore à ébranler à un tel point l'opinion publique, *sans les largesses du trop fameux syndicat?* Car vous entendez bien que si les intéressés ont nié avec la dernière violence *la distribution fantastique de tant de millions*, c'est uniquement dans la crainte d'un nouvel Arton *qui ne saurait manquer de produire bientôt le carnet des noms et des chiffres.* »

modestes réflexions que voici, — et de cœur assez courageux pour les communiquer, après les avoir faites, aux innombrables dupes qu'elles auraient averties du piège tendu à leur simplicité :

« Des gens qui doivent être d'éminents patriotes, puisqu'on les voit siéger sur toutes les estrades affectées spécialement aux exhibitions du patriotisme professionnel, — des gens importants m'affirment l'existence d'un « syndicat de trahison »; et, comme mon journal me l'affirme également, je n'ai pas mieux demandé que d'y croire. Mais affirmation n'est pas preuve. Ces patriotes éminents et ces gens importants le savent aussi bien que moi. Ils ont donc dû chercher la preuve de cette existence qu'ils affirment. Car il est bien évident que s'ils avaient pu un beau jour produire cette preuve, le parti dreyfusard, qu'ils détestent, était assommé du coup.

« Or, ils ont eu à leur discrétion, pendant de longs mois, la Présidence de la République, les Cabinets successifs, la police générale, la police particulière du ministère de la Guerre et du ministère des Affaires étrangères, l'infini des ressources et des forces gouvernementales, connues et inconnues. Tout cela, il faut en convenir, constitue de formidables moyens d'information. Tout cela, indubitablement, a travaillé avec ardeur à la découverte du « syndicat ». En pure perte, d'ailleurs. Buisson creux !

Rien, absolument rien. Plus on affirme l'existence de ce « syndicat », plus on énonce avec précision — à quelques millions près! — les sommes prodigieuses qu'il a dépensées, et plus il est lui-même introuvable.

« La chose est tout de même un peu étrange. On prétend connaître sa comptabilité comme si on en avait lu les chiffres par-dessus l'épaule de son caissier, — et on ne peut pas dire de quels hommes il se compose, qui est son inspirateur ou son chef, quels actes précis il a accompli... Je crains qu'on ne se soit moqué de moi. Je le crains d'autant plus, que je vois parmi les prétendus « stipendiés » de très hautes consciences, que tout l'or des mines d'or ne parviendrait pas à séduire... Et je me demande si le « syndicat de trahison » ne serait pas un peu parent de ce « grand serpent de mer » dont tous les marins parlaient autrefois, — sans qu'aucun d'eux, et pour cause, l'eût jamais rencontré[1]. »

1. Que la famille, les amis, les coreligionnaires même de Dreyfus aient dépensé de l'argent, et beaucoup d'argent, pour faire plaider par le journal, la brochure et le livre la cause du condamné de 1894, la chose ne me paraît nullement invraisemblable. Mais quel homme de bonne foi oserait prétendre qu'entre une propagande de ce genre et les desseins imputés au « syndicat » prétendu il n'y a pas un abîme! Je déclare que si cette propagande n'avait pas été marquée par d'inqualifiables excès et par des violences que j'ai vingt fois réprouvés, elle eût été à mes yeux tout aussi légitime que telle propagande analogue s'exerçant par la plume ou par la parole en faveur de telle idée ou de tel programme politique

IV

C'est chose très grave qu'un raisonnement si simple et si décisif ne se soit pas présenté de lui-même à l'intelligence de notre peuple, ou n'ait pas été accueilli par elle, quand on a essayé de le lui suggérer. Cela prouve que le goût de la vérité n'est pas suffisamment répandu dans la nation. Cela prouve surtout que l'esprit du peuple français est déplorablement étranger à la très simple discipline intellectuelle qui aide à discerner la vérité du mensonge. Si le peuple français — qui, en somme, a peut-être, dans cette circonstance, moins montré son peu d'inclination à aimer la vérité que son inaptitude à l'atteindre — avait été seulement initié à cette discipline salutaire; s'il avait été capable de l'examen un peu attentif d'un fait et de l'interprétation logique de ce fait; s'il avait éprouvé le besoin de ne pas adopter servilement des opinions toutes faites, mais de les discuter, de les contrôler modestement avant de les faire siennes, il me paraît évident que ce peuple n'aurait pas été, comme il vient de l'être, la proie des effrontés imposteurs dans les panneaux desquels il a donné tête baissée.

Et c'est pourquoi, professeurs, instituteurs, membres du haut enseignement ou adhérents de ces « universités populaires » qui viennent de se fonder, savants, écrivains, artistes, qui devons exercer un doux et tendre préceptorat intellectuel sur ceux de nos concitoyens auxquels le bienfait du savoir fut moins libéralement dispensé qu'à nous, et qui croyons à la bienfaisance d'une diffusion plus grande de l'esprit scientifique — c'est pourquoi, dis-je, nous nous appliquerons avec constance à l'œuvre dont l'impérieuse nécessité vient d'être si clairement démontrée par les aberrations de jugement où l'on a entraîné notre peuple : l'éducation de la démocratie.

Nous nous laisserons traiter de fous par les prétendus sages dont la courte sagesse n'est qu'une peureuse inertie; nous les laisserons nous dire que nous sommes les ennemis de l'ordre et de la société, et nous travaillerons, sous leurs injures, à les sauver eux-mêmes, en sauvant — s'il en est temps encore — cette société dont leur impuissant égoïsme précipite la ruine. A l'égard de cette démocratie que nous rêvons d'instruire, et sur laquelle ils ne savent, eux, que lancer de puérils anathèmes, nous dépouillerons résolument et à jamais la défiance, les préventions, les airs de supériorité hautaine, tout ce qui rappelerait en nous les fils — que nous ne voulons plus être — d'une caste sociale privilégiée.

Nous nous ferons peuple pour parler au peuple. Et c'est en lui disant des choses non pas basses, mais très nobles que nous nous efforcerons de lui plaire et de le conquérir, de l'élever, d'une prise puissante et douce, à notre idéal — qui n'a rien de commun avec celui des courtisans ordinaires de la hideuse démagogie.

Nous lui apporterons non des faces rogues de mandarins et de pédants qui pontifient ou morigènent, mais des visages souriants, éclairés de bienveillance, des yeux dans le regard desquels il lira la sympathie cordiale et désintéressée d'hommes qui ne lui demandent, en retour de leur dévouement, que de ne pas décevoir la grande espérance qu'ils ont fondée sur lui.

Nous tâcherons, en nous rapprochant de lui fraternellement, en l'aimant sans le flatter jamais, nous tâcherons de l'éclairer, de l'assagir, de conserver et de développer ce qu'il y a de générosité native dans ses instincts, — d'amender, au contraire, d'adoucir par une culture appropriée ce qu'il s'y trouve aussi de brutalité et de violence.

Au lieu de gémir inutilement au spectacle de la force irrésistible qui est en lui, ou d'essayer de dresser contre elle de vaines barrières, nous irons tout droit à cette force, nous prononcerons devant elle les mots magiques — auxquels il est faux de dire qu'elle soit sourde : ceux de justice, de raison, de solidarité ; — nous travaillerons, d'un cœur profondément convaincu de la bonté de cet apostolat, à obtenir d'elle qu'elle se règle et se modère. La conception d'une démocratie sage n'est chimérique que si ceux qui précisément devraient être les instructeurs et les guides de cette démocratie, laissent aux mauvais conseillers qui rôdent autour d'elle le soin de la conduire.

Et si, comme je l'espère, notre entreprise donne les fruits que nous en attendons, — si, par exemple, la malfaisante industrie de presse qui consiste à tromper impudemment le public sur les affaires du pays, après l'avoir abêti par d'ineptes feuilletons, si cette industrie devient d'une exploitation plus malaisée, en raison même des progrès réalisés par le sens critique de ce public plus éclairé[1] — alors, un résultat heureux pourra être inscrit au bilan de l'Affaire, en regard des calamités dont elle a été la mère trop féconde.

Que si notre presse refuse, comme on est fondé à le craindre, de s'élever à une conception plus haute de sa mission, qui devrait être avant tout une mission de vérité, et s'obstine à rester ce qu'elle est, un formidable instrument de violence, de mauvaise foi et de mensonge, il ne faut pas du moins qu'on puisse continuer à dire que le peuple français a — comme il vient de l'avoir, hélas! — la presse qu'il mérite.

1. *Nous voulons rendre plus difficile le métier de journaliste et de politicien*, a dit excellemment M. Gabriel Séailles dans le discours d'ouverture prononcé le 3 octobre 1898 à la *Coopération des Idées.*

NOTES SUR LE PROCÈS DE RENNES

I

Après le mémorable arrêt de la Cour de cassation, des amis m'ont dit : « Vous allez sans doute continuer à plaider la bonne cause, puisque les adversaires de la revision, qui avaient promis de s'incliner devant la sentence d'un tribunal spécialement composé pour eux, refusent de se soumettre et recommencent la lutte avec plus d'acharnement que jamais? »

Je répondis :

« J'ai souhaité ardemment la revision, parce qu'il m'a paru que l'honneur du pays exigeait de la façon la plus impérieuse qu'on ne pût dénoncer au monde la France, soldat de la Justice et du Droit, comme complice d'une iniquité, dont elle fût devenue solidaire, en effet, si elle s'était obstinément refusée, comme certains le voulaient, à la réparer.

« Je l'ai souhaitée encore parce qu'il m'a paru

que l'honneur particulier de l'armée — qui se confond d'ailleurs à mes yeux avec celui du pays — n'exigeait point qu'un innocent fût maintenu au bagne, sous le prétexte stupide qu'un Conseil de guerre l'y a envoyé, et que « sept loyaux officiers ne peuvent pas se tromper », — alors qu'il est patent que les plus honorables et les plus expérimentés magistrats se trompent quelquefois, tant la justice humaine est sujette à l'erreur.

« Je l'ai souhaitée enfin par humanité, parce qu'il me semblait révoltant de laisser subir à l'un de mes semblables une peine aussi cruelle qu'imméritée. Mais je suis obligé d'avouer que cette troisième considération n'a passé à mes yeux qu'après les deux autres, car l'honneur de ma patrie et de son armée étaient pour moi d'un prix infiniment plus haut que la vie d'un homme, — fût-ce la mienne.

« Or, cette revision est désormais conquise. La cassation du jugement de 1894 a été prononcée dans des conditions qui établissent moralement, sinon juridiquement, l'innocence du condamné. Un nouveau Conseil de guerre est appelé à prononcer le dernier mot de l'affaire. Je suis sûr que les officiers, quels qu'ils soient, dont se composera ce tribunal, tiendront à honneur de se montrer droits et francs juges, qu'ils repousseront toute pression, d'où qu'elle vienne, qui tenterait de s'exercer sur eux. Laissons-les se recueillir, étudier en paix les éléments du formidable procès. Je me reprocherais d'écrire un seul mot qui eût l'air d'un conseil à leur adresse, d'une invitation, même discrète, à rendre le jugement que je souhaite. Ce jugement, en effet, n'aura la vertu d'imposer à tous les bons citoyens l'obligation de s'incliner sans arrière-pensée devant lui, d'adhérer non seulement des lèvres mais du cœur à ses conclusions, que s'il jaillit du fond même de consciences laissées absolument libres et dont les deux partis attendront, dans un silence respectueux, l'arbitrage définitif et souverain.

« Je me tairai donc. »

Et je me suis tu.

II

Le Conseil se réunit dans quelques jours. Quelle naïveté fut la mienne quand, par respect pour lui, j'ai résolu de garder un silence que je n'ai pas rompu! D'autres ont eu moins de scrupules. Quelles effrontées sollicitations adressées à ces juges! Quelles invites pourraient être plus claires que celles qu'on trouve dans toutes ces lettres de vieux officiers, publiées en ce moment même, sous la phraséologie « patriotique » desquelles revient toujours la même idée : Si vous aimez l'armée, condamnez Dreyfus de nouveau!

Étrange, ou plutôt insensée conception, je ne

dirai pas seulement de l'honneur, mais de l'intérêt de l'armée! Comment ne pas comprendre qu'on diminue le prestige de sa justice, en osant adresser à ceux qui la rendent en son nom de pareilles exhortations? Comment ne pas sentir qu'en affichant aussi brutalement combien peu le droit pèse au regard des inhumaines exigences de l'esprit de corps, on indigne nombre de consciences, on provoque des révoltes muettes et redoutables, on rend enfin plus profond, plus irrémédiable, le désaccord qui s'est élevé entre cette malheureuse armée, livrée à de si funestes conseillers, et toute une partie de la nation, qui ne lui pardonnera pas de les avoir écoutés?...

Et tandis que je songe avec douleur à l'avenir de discorde que ces fautes nous préparent, la presse nationaliste, antisémite et dévote — trois têtes dans un même bonnet! — poursuit de plus belle la campagne qui doit lui assurer la revanche, ardemment souhaitée, de l'arrêt de revision. Renvoyer le juif à son bagne, puis jurer solennellement qu'on a vengé l'honneur de l'armée et sauvé la patrie, — quel rêve!

En attendant, on ment plus effrontément que jamais. En aucun pays, en aucun temps, pareille averse de mensonges n'aura ruisselé sur un peuple. Assurément, il arrive aux journaux revisionnistes de mentir aussi, car la passion n'est pas moins violente chez quelques-uns d'entre eux que chez leurs adversaires. Mais ce n'est pas le mensonge systématique, le mensonge érigé en règle, le mensonge énorme et sans vergogne, l'escamotage quotidien du fait qui gêne, l'altération délibérée du document qui embarrasse, la citation sciemment tronquée et autres menus tours de gobelet où plusieurs organes de cette presse excellent à tel point que je me sentirais perplexe s'il me fallait décerner la palme de l'imposture.

Et quelle merveilleuse puissance d'hypocrisie! Escobar, Tartufe et Basile, en collaboration mystique, la dirigent. Le même jour, à la même heure, la même invention perfide est servie par cinq ou six journaux et répétée par deux cents à des millions de lecteurs. La dernière est géniale. L'une des feuilles qui dirigent la politique du parti annonce, sur le ton ému d'une patriotique indignation, que, de concert avec le « ministère d'acquittement », l'empereur d'Allemagne va venir s'installer à Dinard pendant la durée des débats, afin de peser par sa présence sur les délibérations du Conseil de guerre... Et, à la faveur de cette bourde stupide, flanquée de beaucoup d'autres de même sorte, qu'elle sert sans relâche à la crédulité vraiment stupéfiante de ses lecteurs, cette presse qui reproche au ministère d'user de pression, mène elle-même contre l'indépendance des juges du Conseil une campagne enragée, les circonvient, les assiège, s'ingénie à troubler par mille artifices leur conscience, les pénètre insidieusement de cette idée qu'ils n'ont à tenir compte ni de l'enquête ni de l'arrêt de la Cour, qu'ils n'ont pas à répondre aux questions précises que cet arrêt a posées, — en un mot leur insinue, leur dicte, par voie de suggestion quotidienne, le verdict qu'ils doivent prononcer[1].

1. Je me reprocherais de ne pas reproduire les aperçus de M. Quesnay de Beaurepaire sur le rôle du Conseil de guerre : ils expliquent le jugement.

« Le rôle réservé au Conseil de guerre est généralement mal compris ; je vais clairement le définir :

« Aux termes de l'arrêt de cassation, Dreyfus n'est plus un condamné, mais un accusé.

« Il est accusé d'avoir, en 1894, commis le crime de trahison, en livrant à une puissance étrangère « les notes et documents renfermés dans le bordereau ».

« L'heure est passée de discuter cette sentence *qu'aucun affichage ne fera accepter par l'opinion;* il faut maintenant en voir le texte et se soumettre à son application. Le Conseil de guerre n'aura donc à statuer que sur la livraison des pièces énumérées au bordereau.

« Est-ce à dire qu'il devra partager *les erreurs volontaires de M. Ballot-Beaupré* et s'arrêter aux chinoiseries des experts en écriture? Pas le moins du monde. Les juges militaires *pourront fort bien proclamer,* conformément aux principales dépositions de l'instruction, *que si Dreyfus n'a pas écrit matériellement le bordereau, il n'en a pas moins livré à l'étranger les documents,* puisque *lui seul les avait à sa disposition. Que ce bordereau, fait par lui-même, ait été ensuite décalqué par un tiers, ou qu'il soit l'œuvre soit d'un copiste inconscient, soit d'un complice, peu importe! La question graphique est insignifiante :* c'est la livraison des pièces par le stagiaire du deuxième bureau qui fait le crime. Voilà ce que les juges militaires auront à décider.

Tant qu'il s'est agi de résoudre dans un sens ou dans l'autre une question comme celle de la revision, — réclamée par ceux-ci, combattue par ceux-là, — tout le monde avait le droit d'exprimer librement son avis pour ou contre, et j'ai moi-même usé de ce droit.

Aujourd'hui la simple « question » se complique d'un élément humain. Il y a directement en jeu, dans le procès qui va s'ouvrir, la liberté, l'honneur d'un pauvre être qui a déjà prodigieusement souffert, une femme, des enfants, une famille... Il me semble que le plus élémentaire sentiment d'humanité conseillait au moins un peu de réserve en ce moment à ceux qui croient le capitaine Dreyfus coupable, et qu'en poursuivant une nouvelle condamnation avec cet acharnement, ils fournissent la preuve d'une férocité jusqu'à présent inconnue dans nos mœurs, et dont la France rougirait, si la France qu'on nous a faite, hélas ! était encore le généreux peuple d'autrefois. Que ni le respect de la justice, — de la justice militaire même, la

La majorité de la Cour de cassation a vainement rétréci le champ de leurs recherches, elle n'a pu enchainer leur conscience.

« Ajoutons que, *même au point de vue de l'écriture, le Conseil de guerre n'est lié ni par l'opinion des experts, ni par l'affirmation fantaisiste de M. Ballot-Beaupré : il aura le droit, si c'est son intime conviction, d'attribuer à Dreyfus la fabrication du bordereau. Le savant M. Bertillon l'y convie.* » (*Écho de Paris* du 15 juin 1899.)

seule qui leur inspire de la considération[1], — ni le respect de l'infortune n'aient pu obtenir des ennemis de Dreyfus, je ne dirai pas une trêve, mais simplement une sourdine mise par pudeur à l'expression de la haine sauvage avec laquelle ils le traquent : c'est là un fait qui me paraît une véritable honte pour notre temps.

En voici un autre de même ordre, qui ne me paraît pas moins révoltant, et que je veux signaler en passant, dût l'indignation qu'il m'inspire confirmer dans quelques fortes têtes, dédaigneuses des préjugés d'une vaine humanité, l'opinion qu'un accès de sensiblerie un peu niaise m'a jeté dans le camp où je suis ; — camp étrange, qui n'est ni celui des « dreyfusards », ni celui des « antidreyfusards », et où mes honorables amis de l'Appel à l'union et moi nous montons mélancoliquement la garde dans le désert...

1. D'un discours prononcé au mois de juin par M. de Joantho, l'un des chefs du parti royaliste à Bordeaux, j'extrais ces lignes significatives, qui énoncent clairement la pensée non du parti royaliste seul, mais de la coalition anti-revisionniste tout entière :

« Un grave conflit s'est élevé entre la justice militaire, en qui nous avons foi, et la juridiction dite suprême, en laquelle nous n'avons aucune confiance. *Nous considérons donc comme nuls, comme non avenus, comme sans valeur les décisions, enquêtes et arrêts intervenus...* » Et, pour « illustrer » cette édifiante déclaration, la levée de boucliers des maires refusant d'afficher l'arrêt de la Cour de cassation, malgré le vote de la Chambre.

Plus abondant que jamais en invocations pathétiques, M. Quesnay de Beaurepaire, dont l'arrêt de la Cour de cassation a exaspéré le patriotique délire, s'agite, prophétise, et adjure intarissablement[1]. Impatient de tirer une vengeance éclatante de la déception que cette loi de dessaisissement — si industrieusement machinée par ses soins, et objet de si belles espérances! — lui a value, ce juste vient d'avoir une nouvelle inspiration. Il a ouvert un bureau de recrutement de témoins à charge contre « le traître ».

Patriotes et antisémites, qu'on se le dise! Serait-il

[1]. Voici ce qu'on lit dans l'*Écho de Paris* du 17 juin, sous la signature de M. Quesnay de Beaurepaire :

« ... Je suis tout seul? Qu'importe! David lui aussi était tout seul; le géant n'en tomba pas moins sous ses coups. La faction qui combat la France au nom d'un traître a pour elle l'or et l'audace... Eh bien! je lui crie, moi, d'une voix calme et forte, que le mépris de la nation l'a condamnée... Je lui donne rendez-vous devant le Conseil de guerre de Rennes : elle entendra les témoins dont Dieu m'a permis de recevoir les confidences vengeresses. »

Une souscription avait d'ailleurs été ouverte afin d'encourager ces « confidences vengeresses » à se produire, au cas où Dieu — collaborateur, paraît-il, de M. de Beaurepaire — n'aurait pas suffi à les susciter. Un des correspondants du magistrat démissionnaire prétendait avoir la preuve de la culpabilité de Dreyfus, mais ne pouvait, disait-il, la livrer de peur que sa situation ne lui fût enlevée. Des fonds furent donc réunis pour l'indemniser au besoin de la perte de son gagne-pain. Le scandale fut tel que M. de Beaurepaire se ravisa, et remboursa les sommes recueillies à cette occasion.

possible que vous n'eussiez rien à révéler au Conseil de guerre sur Dreyfus? Cherchez et vous trouverez, bons Français de France! Au besoin même, des Croates ou des Serbes seront les bienvenus. Un étranger qui a quelque chose à dire contre le juif n'est plus un ennemi. C'est un frère. Paraissez, témoins véridiques! Communiquez vos documents à M. Quesnay de Beaurepaire. Et qu'ils soient authentiques surtout, car il a un flair infaillible, — sans compter l'amour de la vérité qui l'embrase!

Si vous n'osez l'aller voir, ce qui nuirait peut-être à l'autorité de votre déposition, faites-lui exposer par un tiers ce que vous savez. C'est un vieux magistrat très complaisant, ayant l'expérience des choses de la justice : il vous aidera; il mettra, fût-ce à distance, de l'ordre dans vos souvenirs.

Un témoignage ne doit pas être déposé tout nu aux pieds du tribunal comme un enfant qui vient de naître : on l'arrange, on le pare... M. Quesnay de Beaurepaire ne refusera sans doute pas de vous faire tenir discrètement quelques petits conseils au sujet de la toilette du vôtre... Craignez-vous peut-être la dépense, les frais de déplacement, que sais-je encore? Qu'à cela ne tienne! Cincinnatus est pauvre, chacun sait cela. Mais une petite caisse, alimentée par les amis de cet homme de bien, vous indemnisera probablement — comme elle a indemnisé Karl... Et ce n'est point là du tout, qu'on le sache, un « syndicat »!...

Parmi tant de scandales que nous ont apportés les derniers mois qui viennent de s'écouler, je doute qu'un seul ait atteint l'indignité des préliminaires de ce procès, l'ignominie de la préparation méthodique du verdict qu'on prétend arracher à ces juges.

Et pendant ce temps-là, poussés par je ne sais quel esprit de vertige, certains écrivains qui soutiennent — souvent avec une généreuse éloquence — la cause de Dreyfus, se répandent en furieuses invectives, en menaces de bagne contre tels chefs de l'armée, sans voir qu'ils font ainsi le jeu des adversaires du malheureux, que chacune de leurs imprudentes paroles est soigneusement mise sous les yeux de ceux qui vont le juger, — et qu'ils le perdent, peut-être, en le défendant avec cette violence!

III

Dreyfus est arrivé. — Quel peut être l'état d'esprit de cet homme, au moment où il remet le pied sur le sol de la patrie, où il entrevoit la fin de son martyre, la liberté, la famille, l'honneur enfin rendus? Comment une pareille espérance — appuyée sur un fondement aussi solide que l'arrêt de la Cour et succédant brusquement à ces cinq années d'atroces souffrances — ne ferait-elle pas éclater de joie son cœur? Et si ce n'est pas la joie qui écrase cet infortuné, comment résistera-t-il à la déception, à la douleur, quand il sentira, quand il comprendra que la haine de presque tout un peuple fanatisé le guette et que tous ceux qui ont intérêt à entretenir, à exaspérer cette haine vont en jeter sur lui le poids formidable afin de le replonger dans l'abîme, après cette fugitive et décevante vision de délivrance?... Oh! le malheureux, le malheureux qui se croit sauvé, et qui n'entend pas ce bruit des couteaux qu'on aiguise contre lui, des tenailles et des pinces qu'on fait rougir au feu pour le torturer encore!... Le soir où vous débarquâtes, la tempête faisait rage, des éclairs livides sillonnaient le ciel, les brisants « aboyaient comme des chiens ». Sans doute, les éléments vous semblèrent conjurés contre vous : que sera-ce quand vous verrez les hommes !

IV

Ils sont venus, très nombreux. Devant celui qui paya d'une couronne d'épines, d'un coup de lance au flanc et de trois longs clous plantés dans sa chair vive, le crime d'avoir parlé au monde de clémence, de mansuétude et de pitié, ils ont juré de déposer sans haine comme sans crainte. Et aussitôt, gros et petits, ils se sont rués, ils ont mordu à belles dents bien aiguisées...

L'autre, éperdu devant cette férocité soudain
révélée recevait sans se défendre les innombrables morsures, et son air, beaucoup plus douloureux qu'irrité, disait : « J'ai pourtant bien souffert
déjà pendant cinq ans... Et vous étiez mes chefs,
et vous étiez mes camarades, et vous avez juré
d'être sans haine! »

Telle fut la première vision que j'eus des débats
qui viennent de s'engager à Rennes. Il me sembla
que j'avais sous les yeux une curée, la « curée
chaude » d'un homme. Je vivrais cent ans que je
garderais au fond de mon esprit le souvenir de ce
spectacle.

Douceur ancienne de nos mœurs, générosité,
humanité, que nous aimions à proclamer vertus
françaises et qui, de l'aveu même du monde,
l'étaient en effet!... O douleur de vivre en un
temps où ce qui fut le charme propre, la grâce
unique de ma patrie, est remplacé par je ne sais
quelle sombre et brutale fureur! Est-il possible
qu'une moitié de la France ricane de plaisir à
chacun des coups, longuement et savamment con-
certés, que ces étranges témoins viennent l'un
après l'autre décharger à l'envi sur ce malheureux, et que la conscience de notre peuple ne se
soulève pas, à voir aussi clairement la perfidie et
la haine se mêler à l'œuvre auguste de la justice!...

Entre ces sauvages, qui foulent allégrement aux
pieds tout sentiment d'humanité quand il s'agit

d'un juif et ces autres forcenés qui, avec une sorte de rage impie, exploitent contre notre pauvre armée de douloureux incidents comme la mort tragique et sublime du colonel Klobb au Soudan, je me sens isolé, perdu. Avec quelques rares esprits, aussi impuissants que moi-même à prévenir la honteuse faillite morale dont la France est menacée, nous constituons un parti de rêveurs sans crédit, suspect à ceux qui réclament la justice, puisqu'il aime et respecte l'armée, suspect aux charlatans de patriotisme et insulté par eux, puisqu'il réprouve avec horreur leur stupide conception de « l'honneur de l'armée ».

Et pourtant, je le dis avec une foi profonde, c'est dans la conciliation de ces deux sentiments que des fous opposent l'un à l'autre en un conflit détestable — le respect de l'armée et le respect de la justice — c'est là qu'était le salut. Si la doctrine de notre modeste Comité d'Appel à l'union avait été celle qui eût prévalu dans le pays, que de calamités épargnées depuis deux ans à la France! Il faut croire qu'elle est en proie à un désordre moral pire qu'au temps même de la Ligue, possédée d'un plus sombre fanatisme, d'une plus meurtrière fureur contre elle-même, puisqu'elle a écouté ces » Politiques », ce « Tiers-Parti », qui prêchaient en ce temps-là une politique de conciliation analogue à celle de notre Appel à l'union, et qu'elle refuse aujourd'hui de nous entendre. La France du chancelier de L'Hospital, de la Satire Ménippée et de l'Édit de Nantes, la France de Voltaire et de la Déclaration des Droits de l'Homme, tombée entre les mains des directeurs de conscience qui la mènent présentement! Comment se résigner à une pareille déchéance d'un si noble pays? Comment ne pas en éprouver une douleur aussi amère que la mort? Quelles raisons de vivre, ces malfaiteurs publics et ces pitres vont-ils nous laisser, quand ils auront flétri et souillé tout ce qui faisait notre généreuse France si grande parmi les nations, et quand, après avoir consommé cet attentat, ils auront encore la cynique audace de nous dire : « C'est nous qui sommes les patriotes!... »

V

Je viens de relire les dépositions des témoins militaires cités par la défense. Je me demande comment un homme de bon sens et de bonne foi ayant pris connaissance attentive de ces témoignages — particulièrement de ceux de M. le commandant Hartmann et de M. de Fond-Lamothe — peut ne pas concevoir au moins un doute très grave sur la culpabilité du capitaine Dreyfus... Mais quoi ! toutes les notions de la justice et du droit sont aujourd'hui bouleversées à ce point par le furieux désir et le besoin que certains ont d'une nouvelle condamnation, qu'il semble admis à Rennes que le doute doit profiter à l'accusation plutôt qu'à la défense, que les possibilités équivalent à des présomptions, les présomptions à des preuves. Doctrine barbare, doctrine monstrueuse, contre laquelle le génie, autrefois doux et humain de notre nation, devrait jeter une protestation indignée — qui ne retentira pas, hélas! — ou qui, jetée par quelques « intellectuels » dénoncés comme ennemis de l'armée et de la patrie, ne sera que l'impuissante voix des justes criant dans le désert!...

La presse nationaliste, celle qui a fait de « l'honneur de l'armée », de l'armée elle-même son bien propre, sa chose, et qui afin de mieux prouver son respect pour elle traînait dans la boue, il y a quelques semaines, le plus illustre des grands soldats qui nous restent, le général de Galliffet, cette presse découple déjà ses aboyeurs ordinaires aux trousses de ces témoins qui ont commis le crime d'avoir déposé selon leur conscience. Le vaillant capitaine Freystœtter est traité de « *défroqué* » par je ne sais quel drôle. Défroqués ou « *insurgés* » — ce mot aussi a été dit — le général Sebert, dont la déposition fut si belle de courageuse honnêteté, le commandant Ducros, le capitaine Carvalho, le lieutenant Bernheim!... De quoi se mêlent ces militaires, qui, au lieu de « *marcher derrière leurs chefs* », — autre mot révélateur prononcé au cours des débats, — d'emboîter

le pas aux généraux accusateurs de Dreyfus, se sont
permis — dans une affaire où la discipline et la
hiérarchie n'avaient rien à voir — de demander à
leur conscience, et à elle seule, le mot d'ordre?
En quarantaine, les renégats et les vendus!

Soldats qui ne vous êtes mis en rébellion ni
contre la discipline ni contre vos chefs, mais qui
avez simplement rempli votre devoir de citoyens,
lequel était d'éclairer « sans haine et sans crainte »
le tribunal à la barre duquel vous étiez cités ; qui
avez rempli votre devoir d'hommes, lequel était
de venir au secours d'un de vos semblables en ne
lui refusant pas le témoignage favorable qui pouvait le sauver, recevez ici, en compensation des
avanies et des injures qu'on vous infligea, l'hommage de notre admiration!

Le malheur et la honte des temps sont tels que
la chose très simple que vous avez faite fut vraiment un acte héroïque. Je vous salue avec respect, parce qu'au milieu de l'universelle lâcheté
vous fûtes braves, parce qu'au milieu du délire de
mensonge, d'injustice et de cruauté qui s'est emparé de notre peuple, vous osâtes être sincères,
justes et humains. Du plus profond de mon cœur,
enfin, je vous remercie pour le service inestimable
que vous avez rendu à notre armée — que j'aime
comme vous l'aimez vous-mêmes — en montrant
magnifiquement par votre exemple qu'il y a en elle
des réserves de force morale et de vertu civique
à côté d'inépuisables trésors de vaillance profes-

sionnelle, et en prouvant ainsi, d'une manière éclatante, l'injustice et la mauvaise foi de ceux qui la dénigrent!...

L'Histoire, à qui ce dernier acte de l'Affaire prépare encore une importante besogne de justice distributive à accomplir, sous forme de louanges et de flétrissures, — dont la consolante certitude doit nous aider à supporter bien des choses —, l'Histoire recueillera les noms des Sebert, des Hartmann, des Freystætter, des Ducros, de tous ces nobles témoins militaires qui, d'un coup d'aile, se sont élevés au-dessus des considérations mesquines, des calculs égoïstes, de l'intérêt, de la peur, des suggestions de l'esprit de corps, en un mot, au-dessus de tout ce qui pouvait faire obstacle à la fière et périlleuse indépendance de leur témoignage.

Pour aller comme eux jusqu'au bout de ma pensée, je dis que ces hommes qui, dans un tel lieu, dans de telles circonstances, sous le feu croisé des regards chargés de colère et de mépris, ont osé néanmoins libérer leurs âmes et venir intrépidement au secours du maudit, — je dis que ces hommes sont les précurseurs de l'armée nouvelle qu'il nous faut.

Et par ces mots d'armée nouvelle, qu'on sache bien que je n'entends pas du tout l'inconsistante et flasque garde nationale, l'espèce d'absurde maréchaussée dont le rêve insensé hante certains esprits. J'estime qu'un des plus grands crimes qui puissent être commis envers la patrie serait, en l'état présent de l'Europe, d'affaiblir son armée. Et c'est ce crime que commettent les mauvais Français qui ont travaillé, sous le couvert de l'affaire Dreyfus, et travailleront demain sous un autre prétexte à ruiner la discipline dans le cœur de nos soldats, — jusqu'au jour où se rencontrera enfin dans la série de nos misérables ministères un cabinet où, simplement, dans un cabinet quelconque, un homme assez brave pour dire très haut à la Chambre et au pays que le respect du droit de penser et d'écrire ne va pas jusqu'à tolérer qu'une besogne, si clairement malfaisante pour la communauté, puisse continuer à s'exercer impunément sous l'œil indifférent de la Loi.

Mais autre chose est de vouloir affaiblir l'armée, autre chose de souhaiter qu'elle s'adapte plus exactement au milieu où elle doit vivre. Or ce milieu est devenu tout autre depuis trente ans.

La France a fourni les preuves d'un invincible attachement à l'idée démocratique et à la forme républicaine. Cet attachement est tel, qu'elle supporte avec une patience surprenante un prétendu parlementarisme dont la stérilité et la malfaisance auraient soulevé depuis longtemps la colère de notre peuple, si celui-ci n'avait craint de compromettre la République elle-même, en balayant avec le dégoût qu'il mérite cet artisan néfaste de sa ruine. Le temps n'est donc plus où, — sous prétexte que la République était un gouvernement de hasard, sans autre légitimité · que la révolution d'où elle était issue sous les yeux de l'ennemi, — on pouvait penser qu'il était loisible de la servir tout en haïssant ses principes et en rêvant sa chute.

Dans ce même laps de temps, le recrutement, la composition intime de l'armée ont été radicalement transformés par le service militaire obligatoire et universel. Et pourtant, chose étrange, alors que tout changeait autour d'eux, l'esprit des officiers est resté, à peu de chose près, dans ses tendances générales, semblable à ce qu'il était avant la guerre : conservant ses qualités, qui sont d'un prix inestimable, et quelques-uns de ses défauts, dont il est plus malaisé de s'accommoder aujourd'hui qu'autrefois, parce qu'ils froissent de jour en jour davantage la conception particulière que le pays s'est faite de cette armée pour laquelle il a consenti tant et de si généreux sacrifices, et qu'il veut en retour sentir à lui tout entière, — les cœurs comme les bras.

S'il est un enseignement qui se dégage de la présente crise avec toute la force de l'évidence, c'est que la France n'a pas, à l'heure qu'il est, l'armée qui conviendrait à son état politique et social, et que des réformes de détail, même excellentes, comme celle du bureau des renseignements — de néfaste mémoire ! — ou comme celle des tribunaux militaires, qui n'est pas moins urgente, ne seront que d'insuffisants palliatifs, si l'esprit ancien de l'institution n'est profondément modifié sur quelques points essentiels.

L'armée dont cette crise démontre impérieusement que nous avons besoin et que c'est une question vitale pour la France d'appliquer désormais ses soins les plus diligents à se la donner — l'armée de demain est celle qui, répudiant à tout jamais l'esprit de caste, détachée sans retour de tout ce dont le pays s'est détaché lui-même, se rapprochant de la nation, entrant en communion intime avec elle, partageant son idéal et le servant avec amour, nous montrera, librement épanouies sur un sol conservant précieusement les admirables vertus de l'ancienne armée, des fleurs sinon nouvelles, du moins plus abondantes et plus libres qu'aujourd'hui dans leur croissance, qui seront le respect des droits de la conscience et de la raison, une justice plus égale, plus clémente et plus éclairée, un sentiment profond de chaude et compatissante solidarité humaine, par où quelque chose de fraternel se mêlera à l'autorité intacte des chefs, quelque chose de plus librement consenti, — de plus sincère par conséquent, — à la stricte obéissance toujours exigée des soldats.

Cette armée de demain, que notre démocratie attend et qu'on ne s'occupe guère de lui donner, je l'ai vue très distinctement surgir devant moi en la personne de ces libres témoins, bons soldats et bons citoyens tout ensemble, comme on savait l'être dans les héroïques armées de l'An II, prêts, j'en suis sûr, à obéir passivement, ainsi qu'il convient, à leurs chefs, mais résolus aussi à n'écouter que leur conscience, quand c'est à elle qu'il appartient de donner la consigne. Et, dussé-je scandaliser ceux qui oublient que l'esprit militaire n'a cessé de se transformer d'âge en âge depuis quatre ou cinq siècles, je ne cache pas que cette apparition m'a réjoui : car, dans cette salle du Conseil de guerre de Rennes où le vieil esprit militaire, en ce qu'il eut de moins louable, livrait une si âpre bataille, il m'a semblé que quelque chose de nouveau entrait avec ces témoins, et que leur présence à cette barre, où ils venaient simplement et courageusement rendre hommage à la vérité sous les menaces d'excommunication de leur caste, pouvait être considérée comme un premier symptôme de l'évolution qui rapprochera l'Armée de la Nation, les soudera indissolublement et les rendra plus fortes l'une et l'autre.

VI

Un homme s'est approché de l'avocat Labori, qu'il guettait depuis plusieurs jours, et l'a frappé traîtreusement d'une balle dans le dos... Très bien. Nous avions eu des faux, des suicides. L'assassinat manquait encore. La beauté sinistre de l'Affaire réclamait ce complément. Loué soit le fanatique — ou le bravo — qui nous l'offre !...

Le vieux pays chouan a mis ses plus sûres cachettes au service de l'assassin, qui demeure introuvable. A ceux qui faisaient mine de l'arrêter dans sa fuite, il jetait rapidement ce mot de passe : « Je viens de tuer Dreyfus ! » Et les paysans vendéens sentaient aussitôt leurs âmes devenir sœurs de celle de cet homme. Une complicité muette les unissait soudain à ce soldat de la bonne cause, qui venait d'abattre le juif — que les bleus toujours abhorrés défendent, que les prêtres toujours écoutés déchirent. Les mains déjà tendues pour saisir le meurtrier poursuivi retombaient. Ces mêmes mains, ce soir, à l'heure où tinte l'Angelus au clocher du village, se joindront pieusement en l'honneur de Celui qui a dit : « Tu ne seras pas homicide... » Des passants, ayant reconnu — gisant à terre, blessé, sanglant, agonisant peut-être — l'avocat de Dreyfus, l'ont laissé sans secours. Il paraît que les bons Samaritains sont rares dans la catholique Bretagne. Telles sont les mœurs que dix ans d'antisémitisme nous ont faites.

Et vous, Mesdames, vaillantes héroïnes nationalistes dont les salons parisiens colportaient ce printemps les propos quelque peu sanguinaires, n'enverrez-vous pas, si on le retrouve, une carte de félicitations au logicien qui vient de traduire en acte la sainte fureur des prédications de cette même presse dont vous faites votre bréviaire et vos délices ? Est-ce bien un crime d'avoir tiré, faute de mieux, sur l'avocat du juif ? Et l'intention évidente de désorganiser la défense du traître en supprimant au bon moment un de ses défenseurs, ne confère-t-elle pas un caractère « patriotique » à cet acte ?

Consultez vos confesseurs, Mesdames. S'ils sont, comme je le suppose, non pas de ces prêtres vieux jeu, férus d'une absurde doctrine de mansuétude et de charité, mais des prêtres de combat, des fidèles abonnés de la *Libre Parole*, portant comme il convient sous leur soutane une obscure nostalgie de Ligue et d'Inquisition, ces hommes de Dieu — du Dieu cruel de l'Ancien Testament, non de la douce victime du Golgotha, qu'ils adorent en paroles et renient en esprit — vous diront que l'Histoire enregistre de très beaux meurtres, rachetés, sanctifiés même par la fin édifiante à laquelle ils tendaient et que, tout bien pesé, il pourrait se faire que celui de Rennes fût du nombre de ceux-là... Mort aux Juifs, Mesdames !

VII

Tandis que le magistrat délateur remplissait le pays du glapissement de ses dénonciations, se

frappait la poitrine, prenait Dieu, les hommes —
et Karl — à témoin, un autre personnage, hypnotisé sur son idée fixe, comme le Balthazar
Claës de la *Recherche de l'Absolu*, passait des mois
et des mois à perfectionner un système com-
pliqué, chef-d'œuvre de géniale niaiserie, destiné
à démontrer de façon scientifique et rigoureuse
comme un théorème la culpabilité du capitaine
Dreyfus. Hanté par ses « kütsch », ses « réticules »
et ses « gabarits », l'honorable M. Bertillon —
espoir suprême et suprême pensée de l'accusation après l'arrêt de la Cour — dressait avec une
patience inlassable un édifice de raisonnements
qui tenait de la pyramide d'Égypte par l'aspect
géométrique de la masse, et du château de cartes
par la fragilité.

Pendant que ce justicier travaillait, pas un doute
ne lui vint sur la beauté morale de son œuvre.
Ayant plutôt, à ce qu'il semble, le goût de mesurer
des nez, des oreilles et des crânes que celui de chercher à déterminer le mobile de ses propres actions,
pas une seule fois, j'imagine, cet anthropométreur
émérite n'eut l'idée d'anthropométrer sa conscience, — opération qui, en l'espèce, l'eût peut-
être conduit à découvrir que c'était beaucoup moins
l'amour de la vérité, le désir d'éclairer la justice
de son pays qui le guidait, le soutenait dans cet
énorme labeur destiné à river Dreyfus à son bagne,
que l'obscur désir de vengeance d'un amour-propre

ulcéré par les railleries dont avait été criblée, en 1894, la première ébauche de ce système.

Avec la sérénité olympienne d'un dieu géomètre, M. Bertillon mensurait, mensurait sans relâche les mots, les syllabes, les lettres du fameux bordereau. Et M. Quesnay de Beaurepaire s'extasiait sur la puissance du génie de cet homme, M. Cavaignac s'excusait d'avoir méconnu d'abord la profondeur de ce système merveilleux qui démontrait irréfragablement que l'écriture d'Esterhazy était l'écriture de Dreyfus, — que le jour était la nuit. Seulement, quelqu'un vint qui eut l'idée de mensurer les mensurations de l'anthropométreur, de refaire ses calculs après lui, et qui reconnut que les mensurations étaient inexactes, que les calculs étaient faux. Ce fut un beau cataclysme. Du coup, Pélion s'écroula sur Ossa. On vit, dans la poussière des gabarits soudain culbutés, la grande figure de M. Bertillon qui contemplait le désastre.

— Qu'est cela? murmurait dédaigneusement cet homme à l'âme intrépide. Mes réticules ne peuvent pourtant pas m'avoir trompé!

Telle Jeanne d'Arc sur son bûcher attestait encore que ses voix étaient de Dieu. L'honorable M. Bertillon ne doute pas, ne doutera jamais de l'excellence de son système...

Impavidum ferient ruinæ!

VII

Au lieu d'aller à la mer ou à la montagne, à Bayreuth ou aux taureaux de Saint-Sébastien, Tout-Paris a pris un billet pour Rennes.

Dreyfusards et anti-dreyfusards de marque, reporters, journalistes, hommes de lettres, politiciens, acteurs et actrices, snobs bourdonnants, — venus un peu pour voir, beaucoup pour être vus, — gens importants qui croient se devoir à eux-mêmes de ne pas priver un lieu où quelque chose de grave doit s'accomplir de l'éclat que leur présence y apporte, tous sont là. Quelle « première » pourrait leur procurer avec une égale intensité le plaisir exquis d'aller, — en se montrant, — voir comment se comporte le pâle revenant de l'Ile du Diable, tandis que se déroule, autour de son poteau de torture, la danse du scalp conduite avec entrain par quelques chevaleresques représentants de la vieille générosité française, auxquels un avocat nationaliste du barreau de Paris a servi, dit-on, de maître de ballet?

Là, dans ce local voué — ô dérision! — aux « humanités », dans cette salle de lycée où une malheureuse créature humaine, à demi morte à force d'avoir souffert, se sent chaque jour livrée à l'assaut furieux d'une longue et savante conspiration de haine, quelqu'un a fait une découverte. Le capitaine Dreyfus manque, paraît-il, de cordialité et de bonhomie. Il est raide et tendu. « *Sa voix est gutturale et saccadée.* » Il n'a pas ce beau « *désordre de paroles et de gestes* », qui rend un accusé intéressant. Il ne vibre pas.

Et cela sans doute ne prouve pas une trahison, qui d'ailleurs n'a pas besoin d'être prouvée, puisqu'il est patent que le coupable, entre deux protestations d'innocence qui ne comptent pas, a glissé dans l'oreille du capitaine Lebrun-Renaud un aveu de culpabilité qui compte... Mais enfin, cette raideur, cette tension, cette impassibilité de marbre, ne peuvent pas ne pas donner à penser. Un témoin de la dégradation, observateur ingénieux et subtil, avait déjà remarqué que Dreyfus, se rendant à la parade d'exécution, réglait son pas sur celui des soldats chargés de l'escorter et, dans sa déposition, ce psychologue n'avait pas caché le dégoût que lui avait inspiré ce cynisme du traître...

Comment, capitaine Dreyfus, non content d'avoir marché au pas en 1894, vous vous raidissez en 1899! Et contre quoi, je vous prie? Ingrat! Vous, qui avez eu la chance de rencontrer sur votre chemin le commandant du Paty de Clam pour instruire votre procès et le colonel Henry pour y faire fonction de témoin principal! Vous, à qui la vie indulgente a procuré l'avantage de pouvoir méditer pendant cinq ans, dans le recueillement et la paix, sur la justice des hommes! Vous, à qui M. Lebon

a prodigué les marques de son ingénieuse philan-
thropie, — des marques qui restent encore à vos
chevilles! Vous, en l'honneur de qui un homme de
bien s'est imposé sans hésiter le sacrifice — pénible sans doute pour un ancien magistrat! —
d'organiser un vaste racolage de témoins marrons,
destiné à vous rendre plus infailliblement à la sollicitude de ce bon M. Deniel, qui sans doute vous
manquait! Fi! le vilain homme, qui, au lieu de
s'épanouir dans cette chaude atmosphère de cordialité qui l'entoure à Rennes, se contracte! Voit-
on assez que ce n'est point là un « Français de
France!... »

Allons, capitaine Dreyfus, faites risette à vos
chefs, à vos anciens camarades, aux honorables
témoins suscités contre vous par l'amour de la
vérité, à vos juges! Ne sentez-vous pas qu'il n'y a
dans le cœur de tous ces hommes, justes et bons,
que compassion pour une infortune aussi cruelle
que la vôtre? Est-ce que votre bienvenue ne vous
rit pas dans tous les yeux, à commencer par ceux
de ce grand-prêtre du dilettantisme, devenu l'une
des colonnes du « patriotisme », et dont je ne veux
pas croire qu'il se soit rendu à Rennes pour enri-
chir la collection de ses sensations rares de la se-
cousse voluptueuse et féroce que procure peut-être
à certaines âmes le spectacle d'un hallali humain!

Donc, effacez ce pli amer qui creuse votre front.
Quittez, vous dis-je, cet air farouche de bête tra-

quée. Qui donc vous traque ici? Serait-ce cet écrivain, venu de très loin pour prendre de vous, à l'intention de son journal, quelques épreuves de psychologie instantanée, et qui ajuste curieusement son lorgnon lorsque, rassemblant en un effort de stoïque volonté les forces chancelantes de votre corps épuisé, vous entrez d'un pas automatique et raide dans la salle du Conseil? Mais non : cet écrivain est un homme doux, qui s'attendrit publiquement sur les petits chats abandonnés et morigène la cruauté des amateurs de courses de taureaux... Ne voyez-vous pas que tous ces messieurs, vos anciens collègues de l'école de Guerre ou du ministère, qui ont cherché dans leur mémoire le souvenir de vos plus insignifiants propos d'autrefois, et les apportent avec un si généreux empressement à vos juges, pour peu que ces propos puissent être interprétés défavorablement contre vous, ne vous veulent aucun mal? Nous sommes entre braves gens : M. le Commissaire du gouvernement, homme excellent lui-même, va vous l'expliquer bientôt, — tout en requérant contre vous un prompt renvoi à l'île délicieuse où vous avez pris le frais pendant cinq ans.

Soyez sympathique, ô Dreyfus : il pourrait vous en cuire de ne pas l'être! Songez que vos juges n'ont pas besoin de dire, dans leur jugement, pourquoi ils condamnent, ni pourquoi ils acquittent : « *Sic volo, sic jubeo, sit pro ratione voluntas!* »

Usage admirable, surtout chez un peuple qui a pris la Bastille et fait la Révolution, en grande partie pour avoir une justice meilleure! Prenez donc garde que votre nez ne déplaise à ces juges redoutables et qu'ils ne trouvent dans sa courbure ou dans le son rauque de votre voix, insuffisamment harmonieuse, ou dans votre façon de vous asseoir, l'indice d'une prédisposition au crime dont vous êtes accusé. Car il n'en faut pas plus pour former un commencement d'opinion, quand cette opinion n'a besoin de se justifier aux yeux de personne, — pas même aux yeux de la conscience de celui qui l'exprime dans un verdict.

Soyez badin même, si vous pouvez! M. le Président du Conseil de guerre s'impatiente, s'ennuie, la chose est visible : la justice de votre pays vous saura gré de trouver le mot pour rire, quand vous lui fournissez des explications sur votre plaisante aventure. Voyez Esterhazy : c'est un homme charmant que le commandant Esterhazy! Son innocence éclate dans l'aimable liberté, dans la pittoresque abondance de ses propos. Aussi fut-il acquitté...

Si tu as l'impertinente prétention de l'être comme lui, juif au masque impénétrable, à la lèvre crispée et hautaine, apprends de cet honnête homme calomnié l'air, le ton, le maintien, qui révèlent une âme pure!

IX

Hier, 9 septembre, sur les réquisitions de M. le Commissaire du gouvernement, étudiant en droit de deuxième année, le Conseil de guerre siégeant à Rennes a décidé que le bordereau dont MM. Paul Meyer, Giry, Molinier, Léopold Delisle, Charavay, Gobert et Pelletier attribuent unanimement l'écriture à Esterhazy et dont Esterhazy lui-même reconnaît être l'auteur, est nonobstant l'œuvre de Dreyfus, et que Dreyfus a livré les pièces qui s'y trouvent énumérées, — pièces dont il est impossible de savoir, non seulement si elles ont vraiment été livrées, mais même ce qu'elles sont au juste. Et comme Dreyfus était officier, circonstance qui aggravait son crime; comme il n'était ni pauvre, ni joueur, ni débauché, circonstances qui eussent au moins permis d'invoquer en faveur de son forfait l'excuse de la gêne, ou de l'égarement, ou de la passion, ce même Conseil de guerre le condamne *avec circonstances atténuantes.*

Je regrette de n'avoir pas été dressé de bonne heure à faire mienne la maxime *Credo quia absurdum.* Cette salutaire habitude d'humilier ma raison devant ce qui l'offense, rendrait moins malaisée l'adhésion sans réserve que je voudrais pouvoir accorder à cet incompréhensible jugement.

Certes, je ne prononcerai pas une seule parole

offensante pour ceux qui l'ont rendu. Je n'insinuerai pas qu'entre leurs habitudes de soldats disciplinés et leur devoir de juges indépendants, ils ont fait, de propos délibéré, un choix que l'équité réprouve. Ont-ils tenté un effort suffisant pour se dégager du dilemme perfide dans lequel on les avait enfermés et que la maladroite fureur de certains partisans de Dreyfus a semblé prendre à tâche de justifier en rappelant chaque jour à la mémoire de ces soldats celui des deux termes de ce dilemme qui ne pouvait que les exaspérer? Ont-ils résisté avec toute l'énergie qu'il fallait aux pressantes invites venues du dehors, aux sommations même, dont nous avons entendu avec stupeur l'écho menaçant et hautain retentir jusqu'au pied de leur tribunal? Je l'ignore. C'est là une énigme dont eux seuls ont le mot.

Mais je ne puis pas oublier pourtant que, pendant les deux mois qui s'écoulèrent de l'arrêt de la Cour de cassation à la réunion du Conseil, la presse antisémite et nationaliste n'a pas cessé un seul jour de travailler à remplir l'esprit des juges militaires de cette idée qu'ils avaient à se prononcer entre Dreyfus et le ministre de la Guerre de 1894, que l'acquittement de l'un équivalait à la condamnation de l'autre.

Or, cette idée a manifestement pesé sur le procès tout entier, et personne ne peut prétendre qu'elle ne fût pas destructive de la notion de cette pure et sereine justice qui devait être rendue. Sa prédominance, soigneusement entretenue par tous ceux qui avaient intérêt à faire pencher la balance du côté de la condamnation, a introduit dans les débats un élément étranger qui du premier jour au dernier les a profondément viciés, puisque cet élément dès le début a envahi la cause, ou pour mieux dire est devenu la cause tout entière. Et c'est ainsi que nous avons été condamnés au pénible spectacle qui vient d'affliger les yeux de quiconque ne porte pas en soi un cœur mort à la justice. Ce n'est pas en réalité sur la question de l'innocence ou de la culpabilité de Dreyfus que se sont engagés ces débats : c'est sur la question de savoir si des juges militaires, en donnant force légale à la sentence de la Cour de cassation, qui avait moralement proclamé l'innocence du capitaine juif, livreraient un et même plusieurs de leurs chefs aux représailles annoncées — ou si au contraire ils couvriraient ces chefs, déjà réclamés pour le bagne, en condamnant de nouveau l'homme dont l'arrêt de cassation leur avait volontairement laissé le soin de parachever l'acquittement.

Je suis convaincu que ces juges, s'ils pouvaient parler, confesseraient que c'est bien ainsi que le redoutable problème s'est posé devant eux. Il faut les plaindre d'avoir eu à exercer leur fonction dans des conditions faites pour troubler l'ordinaire rectitude des plus fermes esprits. Que ceux-là les accablent, qui ne veulent pas comprendre les terribles angoisses dont leur conscience doit avoir été torturée! Ces angoisses, il me semble que je les devine. Je veux croire qu'à leur place j'aurais jugé différemment. Je ne suis pas assez sûr de moi pour oser l'affirmer. Et j'admire les hommes intrépides qui, — méconnaissant l'affreuse complexité des données artificieusement introduites dans ce procès afin d'obscurcir aux yeux des juges de Rennes la vue claire de la question très simple qu'ils avaient à trancher, et de substituer dans leur conscience à l'intérêt de la seule justice un autre intérêt qui a pu leur paraître aussi sacré que celui-là, — déclarent avec une hautaine et brutale assurance que ces malheureux juges ont prévariqué.

Dieu me garde donc de ramasser contre ce tribunal le moindre des outrages dont on a lapidé, après l'arrêt de revision, les magistrats de la Cour de cassation! Mais autre chose est de se mettre en insurrection comme on l'a fait contre cet arrêt, autre chose de se déclarer convaincu par un verdict. Or, je sens qu'il est au-dessus de mes forces de m'incliner sincèrement devant cette sentence, qui d'ailleurs semble douter d'elle-même, et ne proclame Dreyfus coupable qu'en laissant trop clairement paraître dans ses contradictions qu'elle ne repousse pas absolument l'idée qu'il puisse être innocent...

X

Donc, ces tragiques débats sont enfin terminés.

Convaincue, après la plus minutieuse enquête, qu'une lamentable erreur a été commise par le Conseil de guerre de 1894, la Cour de cassation a voulu, comme la famille même du condamné le souhaitait, dit-on, laisser à un nouveau Conseil de guerre l'honneur de la réparer. Et le malheureux est pour la seconde fois condamné...

C'est la revanche de l'arrêt de cassation, la revanche cyniquement annoncée, âprement poursuivie. M. Quesnay de Beaurepaire et ses acolytes — les entrepreneurs sans vergogne d'une nouvelle condamnation de Dreyfus — triomphent. Sauvés, ceux qui, le cœur léger, ont jeté la France dans cette effroyable aventure d'un pareil procès, intenté sur les frêles présomptions que l'acte d'accusation dressé en 1894 a révélées, alors que la plus élémentaire prévoyance commandait d'être dix fois sûr de la réalité d'un tel crime, imputé à un juif, avant de mettre aux mains de l'antisémitisme l'arme qui a centuplé la néfaste puissance de sa propagande de guerre civile! Sauvés, ceux qui par stupide entêtement se sont obstinément refusés à laisser une opportune et prompte revision terminer l'affaire comme elle pouvait et devait l'être, c'est-à-dire sur l'initiative même du chef de l'armée, reconnaissant en son nom les probabilités d'erreur, manifestes après la découverte du faux d'Henry, et s'offrant loyalement à réparer s'il y avait lieu cette erreur ! Sauvée, la vanité de tous ceux qui ayant une première fois déclaré que Dreyfus était coupable n'ont plus rien voulu voir, rien voulu entendre ! Sauvée, enfin, la caisse de cette presse qui vit depuis cinq ans de la culpabilité de Dreyfus — argument suprême de son apostolat de haine et de discorde — et dont l'acquittement du capitaine juif eût démasqué les longues impostures, compromis peut-être la pernicieuse industrie !... Je sens chauffer les fers rouges avec lesquels i'histoire marquera au front non pas les juges, dont nous ne pouvons pas sonder les cœurs, mais les astucieux artisans du piège tendu, avec une adresse infernale, à la conscience de ces juges...

Dans ce grand silence des êtres et des choses qui m'enveloppe en ce moment, qui ajoute au mystère de cette belle nuit étoilée, ma pensée évoque obstinément cette salle du Conseil qu'on nous a si souvent décrite depuis un mois, avec ses banquettes, ses fauteuils, et ce petit Christ pendu au mur, — un Christ minuscule, paraît-il, comme si l'on avait voulu, en réduisant les dimensions ordinaires de l'image sacrée, réduire en même temps dans les cœurs la pitié dont elle est le symbole.

Et voici que surgit devant moi, avec une incroyable netteté, la scène tragique de la fin, telle que la racontaient ce matin les journaux : les juges, écoutant avec une sorte d'épouvante la lecture du verdict, comme s'ils avaient pour la première fois conscience de l'effroyable mal fait à une pauvre créature humaine par le simple petit mot, le « Oui » fatal qu'ils ont prononcé, et qu'ils ont prononcé sans que la loi, — chose monstrueuse ! — leur fît un devoir de formuler, de préciser les raisons qui le justifient à leurs yeux[1]; l'honnête homme, le pur patriote, le probe avocat mille fois sûr de l'innocence de son client, Demange, fondant en larmes; des membres de l'assistance éclatant en sanglots ; les plus acharnés ennemis du condamné s'esquivant pâles, silencieux, et, pour un instant, honteux de leur féroce allégresse... Je vois tout cela et quelque chose d'autre encore. Au-dessus

---

1. « La nécessité de motiver le jugement, dit avec la haute autorité qui lui appartient M. Henri Barboux, est pour le juge a pierre de touche de son opinion; elle est un appel direct fait à sa raison et à sa conscience. Pour motiver un jugement, il faut affirmer des faits ; et tel officier qui monterait, le sourire aux lèvres, à l'assaut d'un rempart, n'osera pas affirmer la certitude de faits que la discussion a laissés obscurs ou incertains... Les motifs, c'est la vue même de l'homme qu'on va condamner, la perception directe de l'acte criminel dont on va charger sa conscience par légèreté ou par passion. *Un jugement sans motifs est tout près d'être une condamnation sans jugement...* » (*Revue politique et parlementaire*, octobre 1899 : la Réforme de la juridiction militaire.)

du tribunal, je vois les spectres des deux absents flanquant, comme les deux larrons du Golgotha, le Christ accroché à la muraille : d'un côté l'énigmatique Henry, la gorge ouverte, raidi — avec un air de défi — dans l'éternel mutisme de la mort ; de l'autre, le condottiere au maigre profil busqué, Esterhazy — pardon ! le *commandant* Esterhazy, — acquitté de nouveau, acquitté toujours, qui sourit mystérieusement dans sa longue moustache de pandour en écoutant la sentence.

Et ma vision s'achève ainsi : Une femme pâle, aux traits contractés par une angoisse surhumaine, qui demande : «Eh bien?» et qui tombe raide sur le plancher, quand le porteur de nouvelles qu'elle interroge lui répond : « Condamné! »

Celle-là, juges, était une trop noble et trop fière créature pour essayer de vous apitoyer en procédant devant vous à l'exhibition théâtrale de sa douleur, de sa détresse — à laquelle vous avez ajouté. . Ce n'est pas elle qui fût venue jamais réciter à l'audience, avec des gestes étudiés et de pathétiques intonations de Conservatoire, un couplet savamment composé... Vous, Monsieur, qu'on eut quelque peine, paraît-il, à empêcher de grossir d'une troisième voix le chiffre des voix d'acquittement, vous, l'inconnu pusillanime qui avez tenu entre vos mains hésitantes le sort du malheureux et, finalement, l'avez replongé dans la tombe, pensez quelquefois à cette femme héroïque qui n'a pas daigné spéculer sur la pitié qu'elle pouvait inspirer, songez à cette épouse, à cette mère que vous avez désespérée, — et frappez-vous la poitrine, puisque l'hésitation que vous éprouvâtes révèle qu'un cœur humain y bat, et que vous êtes, au fond, moins cruel que votre acte.

**

Je songe à une soirée passée chez des amis, le 4 juin. Quelqu'un apporta le texte de l'arrêt que la Cour venait de rendre. On le lut à haute voix. L'émotion était profonde. Je vis des larmes couler. Et pourtant, personne parmi nous, sauf un des assistants, ne connaissait l'homme au supplice duquel cet arrêt mettait fin. Ce n'était pas notre affection pour lui, c'était notre pitié, notre amour de la justice, la longue angoisse de nos consciences, le meilleur de nos cœurs, enfin, qui jaillissait en larmes.

Et de même ce soir, d'autres hommes, des Français, mes concitoyens, pleurent peut-être de joie, comme nous avons pleuré il y a trois mois. Tous ne sont pas des bêtes féroces. Il y a certainement de braves gens parmi eux — de braves gens un peu lâches — comme il y en eut dans tous les temps pour applaudir avec la foule aux crimes commis contre l'humanité. Mais quoi! que ne leur a-t-on pas conté, que ne leur a-t-on pas fait croire depuis deux ans? Leur horrible sincérité n'est pas douteuse. Plaignons-les. Réservons notre colère et notre mépris pour les effrontés imposteurs qui les ont trompés...

Larmes pour larmes, je préfère pourtant la qualité des nôtres! Je n'aurais pas grand remords de m'être apitoyé mal à propos sur un coupable indûment acquitté. Mais quelles ne seraient pas ma douleur et ma honte, si j'avais pleuré de joie sur la condamnation d'un innocent!

XI

Un journal nous apprend solennellement que « les bons citoyens ont une dette d'honneur » à acquitter envers « l'organisateur de la victoire », le Carnot de la nouvelle condamnation de Dreyfus, l'honorable M. Quesnay de Beaurepaire.

Reconnaissante des services rendus par le précieux homme à tout faire qu'elle a trouvé en la personne de cet ancien Président de Chambre, également propre à la délation des magistrats, au racolage des témoins, aux adjurations pathétiques à la Providence, et aux outrages à l'adresse du chef de l'État, la presse nationaliste et antisémite va-t-elle ouvrir une souscription en faveur de ce « grand citoyen »? Souhaitons-le, afin que rien ne manque à la beauté du temps présent.

Palefreniers, plantons et boyaudiers peu connus

jusqu'au jour qui vous a fait entrer de plain-pied dans l'histoire, Serbes de race royale, qui végétiez obscurément, en bottines percées, dans l'ombre des crémeries, — inoubliables témoins que M. Quesnay de Beaurepaire a engagés dans sa troupe, qu'il a produits sur le plus retentissant des théâtres, — comparses, illustres aujourd'hui! de la pièce qui vient d'être jouée et dans laquelle vous avez si dignement collaboré au mémorable triomphe de la justice, ne soyez pas ingrats et versez votre obole à la souscription qui, je l'espère bien, va s'ouvrir au bénéfice de votre impresario!

XII

Décidément, les beaux jours de la condamnation de Dreyfus en 1894 sont passés. Il y a quelque chose de nouveau en France. Le triomphe que nationalistes et antisémites viennent de remporter ne va pas pour eux sans de secrètes appréhensions. Ce n'est plus une de ces joies pures, sans mélange, comme celle que leur avait procurée en 1898 l'acquittement du digne commandant Esterhazy — leur Benjamin en ce temps-là. Tout se gâte!...

Depuis quelques jours, les vainqueurs s'évertuent à prouver dans leurs journaux que les circonstances atténuantes accordées à Dreyfus, contrairement à l'usage ordinaire des Conseils de guerre, n'impliquent chez les juges, — qui s'empressaient ainsi d'amortir le coup dont ils le frappaient, — aucun trouble secret de la conscience, aucun doute sur l'absolue évidence de la culpabilité du malheureux. La sensible atténuation du châtiment, qui le rend presque dérisoire, si l'on songe à la nature du crime qu'il est censé punir; ces circonstances atténuantes octroyées — et par qui? par des officiers! — au plus abominable forfait qui puisse être commis contre la Patrie; ce recours en grâce par lequel le Conseil épargne au « traître » une nouvelle dégradation dont le spectacle eût rempli d'une joie évangélique les âmes dévotes des lecteurs de la *Libre Parole* et des *Croix;* surtout ces deux voix indisciplinées qui se sont prononcées en faveur du capitaine juif : ah! comme tout cela les gêne, ces bons messieurs! Comme ils eussent préféré le jugement auquel tendait l'énorme, le suprême effort de violence, de ruse et de mensonge qu'ils ont fourni depuis l'arrêt de la Cour de cassation, le bon jugement purement et simplement confirmatif de celui de 1894, avec nouvelle « parade d'exécution » et prompt renvoi à l'île du Diable! Comme cette bienheureuse unanimité leur manque! Adieu l'argument des « sept loyaux officiers »! Comment traiter encore de mauvais Français et d'ennemis de l'armée ces « intellectuels » détestés qui depuis deux ans affirment l'innocence que ces deux juges militaires viennent précisément de proclamer à leur tour, dans des conditions qui donnent une incalculable portée à leur sentence?

Car on ne niera pas, j'espère, qu'il a fallu que ces juges fussent animés d'une bien robuste conviction, pour trouver la force de réagir avec succès contre toutes les raisons qu'ils avaient de ne pas refuser la condamnation si ardemment souhaitée autour d'eux. Conviction molle, — troublée, peut-être! — chez les juges qui ont condamné; conviction énergique, inébranlable, prête à tout, sauf à une défaillance, chez les juges qui ont absous : telle est donc l'indubitable caractéristique de ce verdict. Et c'est pourquoi la valeur morale de ces deux voix — qu'on voudra bien, je suppose, ne pas accuser de s'être vendues au « syndicat »! — donne à la sentence de la minorité favorable à l'acquittement une autorité qui balance l'hésitante opinion exprimée par les autres cinq voix.

Bénis soient les deux inconnus, les deux héros anonymes — dont il faudra pourtant bien que l'histoire connaisse les noms, afin de les honorer comme il convient! En osant reconnaître loyalement l'erreur de leurs devanciers de 1894, ils ont eu de « l'honneur de l'armée » la juste conception qui, adoptée deux ans plus tôt, eût épargné à la France et à l'armée elle-même, bien des hontes et bien des maux! Lorsque aura lui le jour où, désabusée enfin de tous les marchands d'orviétan nationaliste, de tous les plats courtisans qui la flattent dans l'espoir de la débaucher un jour, cette chère et généreuse armée se sera ressaisie, alors, elle citera avec orgueil le nom de ces deux soldats qui, insensibles aux sollicitations, aux intrigues, à la certitude du dénigrement et des injures, iné-branlables, en dépit de toutes les pressions, dans leur propos d'indépendance et de justice, lui ont rendu l'inappréciable service de prouver à ses dé-tracteurs qu'il y a dans ses rangs des hommes qui se font des devoirs de la conscience et des droits de la raison une idée si noble et si haute que toute autre considération pâlit et s'efface devant elle.

XIII

Conformément aux conclusions d'un rapport du ministre de la Guerre, la grâce de Dreyfus vient d'être signée par le Président de la République... J'éprouve, en apprenant la nouvelle, quelque chose d'analogue au soulagement que procure, dans l'ordre physique, la bouffée d'air frais que hument avec délices les narines, au sortir de quelque salle de théâtre empestée. Enfin, l'air de France va devenir respirable, purifié qu'il est aujourd'hui du relent d'iniquité qui l'empoisonnait!

Théoriquement, ce grand acte d'apaisement n'est qu'une mesure de clémence. Avec un sens poli-tique, un tact très fins, le rapport du ministre évite tout ce qui pourrait ressembler à un blâme infligé, même indirectement, au Conseil de guerre de Rennes, à une protestation, même déguisée, contre son verdict. L'acceptation du fait légal créé par ce jugement y apparaît franche, nette, sans réserve.

Celui qui a rédigé ce rapport concluant à la grâce n'a pas oublié un seul instant qu'il était ministre de la Guerre et qu'il devait être par conséquent le premier à donner l'exemple du respect à l'égard d'une sentence rendue par un tribunal militaire. Exiger de lui davantage comme les uns, ou prétendre comme les autres qu'il aurait dû faire moins, est absurde.

Mais il n'y a pas à s'y tromper : quelle que soit l'irréprochable correction de l'exposé des motifs, cette grâce est un acte de *justice* en même temps que de pitié, et c'est là précisément ce qui lui donne son prix, ce qui relève la France dans l'opinion du monde civilisé, douloureusement ému par la nouvelle condamnation; ce qui fait enfin que cette grâce, d'un caractère très particulier, restera l'honneur et du Cabinet qui l'a proposée, et du chef d'État qui l'a courageusement accordée, sachant à quelles fureurs il s'exposait en la signant.

Catégoriquement affirmées par l'arrêt de la Cour de cassation; élevées au rang de certitude par deux voix militaires à Rennes; admises même dans une certaine mesure, sinon comme vérité démontrée, du moins comme vérité possible par les cinq autres, — ainsi que le prouvent les circonstances atténuantes accordées par le jugement, — les présomptions d'innocence en faveur de Dreyfus sont implicitement reconnues dans la grâce. Entre la justice civile représentée par notre plus haut tribunal et la justice militaire, un conflit d'appréciation sur le cas de Dreyfus s'était élevé. Le gouvernement, agissant comme une sorte d'arbitre, s'est très clairement prononcé en faveur de la première, mais dans la seule mesure où il pouvait le faire sans blesser cruellement la seconde. Et sans doute, ceux à qui le procès de Rennes a fourni de nouvelles raisons de croire à l'innocence de Dreyfus pouvaient souhaiter pour lui une réparation moins timide, plus complète, dont l'espoir ne lui est d'ailleurs pas interdit. Qu'ils considèrent l'état des esprits dans le camp opposé, qu'ils prêtent l'oreille aux hurlements de rage qui déjà s'élèvent : et ils reconnaîtront qu'il faut savoir gré au cabinet présidé par M. Waldeck-Rousseau, s'il n'a pas pu tout ce qu'il aurait voulu peut-être, d'avoir fait du moins tout ce qu'il pouvait.

J'estime en outre qu'une reconnaissance particulière est due par tous les amis clairvoyants de l'armée à M. le général de Galliffet pour l'initiative qu'il a prise, comme ministre de la Guerre, au sujet de cette grâce : car, en inscrivant au bas de son rapport le nom de celui qui est à la fois le chef de l'armée et son plus illustre soldat, il a associé l'armée tout entière à une mesure d'humanité et de justice, d'où il eût été regrettable pour beaucoup de raisons que cette armée fût exclue, et à laquelle nous la verrons peut-être se féliciter d'avoir participé, — fût-ce sans l'avoir expressément désiré.

Car il faudra bien que la vérité, force incompressible, éclate un jour ou l'autre avec une si aveuglante évidence que les esprits les plus réfractaires aux manifestations partielles qui nous en ont été fournies, soient confondus enfin et réduits à capituler devant la splendeur de sa manifestation totale. Il y a des gens *qui savent*, et que l'on n'a pas voulu, que l'on n'a pas pu interroger, des témoins armés de témoignages formidables, que l'on n'a pas voulu, que l'on n'a pas pu citer. Tôt ou tard, ces hommes parleront. S'ils ne parlent pas, ils écriront. En tout cas, ils ne voudront pas, avant de mourir, ne pas libérer complètement leurs âmes du fardeau de cette vérité qui sans doute les oppresse. Ce jour-là — qui est un jour inéluctable — les yeux de l'armée, comme ceux du pays, se dessilleront, et elle se dira que celui-là fut son représentant bien avisé qui eut la prévoyance de sauvegarder son honneur en l'associant d'avance par cette grâce aux réparations certaines de l'avenir [1].

1. D'une lettre adressée par l'illustre mathématicien Poincaré au *Figaro*, en réponse à la question qui lui avait été

XIV

« Si nous n'en parlions plus ? » proposait quelques jours après le jugement de Rennes un des plus forcenés meneurs de la campagne qui venait d'aboutir à ce verdict.

« Excellente idée! » avaient repris en chœur nationalistes et antisémites. « Tout est bien qui finit bien. Dreyfus est condamné. N'en parlons plus... »

Pourquoi donc *en* parlent-ils encore, ne cessent-ils pas d'*en* parler?

Pourquoi semblent-ils obsédés par le nom, par l'image de cet homme ? Serait-ce parce que son inlassable, son éternelle protestation d'innocence a retenti de nouveau ? Serait-ce parce qu'il ose affirmer que la liberté ne lui suffit pas, qu'il veut l'honneur, qu'il poursuivra obstinément la réhabilitation qui le lui rendra ? « *Le gouvernement de la République me rend la liberté ; elle n'est rien pour moi sans l'honneur. Dès aujourd'hui, je vais continuer à poursuivre la réparation de l'effroyable erreur judiciaire dont je suis victime. Je veux que la France*

posée au sujet de la réconciliation nationale, j'extrais avec plaisir ces lignes:

« ... La réparation finale n'en demeure pas moins nécessaire pour l'honneur de la France devant l'histoire... » (*Figaro* du 19 octobre 1899.)

entière sache, par un jugement définitif, que je suis innocent. Mon cœur ne sera apaisé que lorsqu'il n'y aura plus un Français qui m'impute le crime abominable qu'un autre a commis [1]. » Serait-ce, enfin, parce qu'au lieu de fuir la France — comme on n'avait pas manqué de l'annoncer — il y reste, le misérable! obstinément attaché à la patrie rendue, aimant mieux courir le risque d'y recevoir quelque balle antijuive dans le dos, comme Labori, que de servir de prétexte à des manifestations injurieuses pour elle en allant se mettre en sûreté à l'étranger? C'est pourtant vrai qu'il a trouvé cela, ce juif! Où irions-nous, grand Dieu! si les Français de France s'avisaient par hasard que la qualité du sentiment qui lui a dicté cette simple et assez élégante résolution, ne révèle pas du tout une âme de traître ?... En vérité, cet homme devient gênant. Rassurante île du Diable, propice « double boucle » de M. Lebon, où êtes-vous?

Parlons-*en* donc de nouveau, puisque l'impudent personnage a le front de nous importuner de sa plainte et de troubler l'heureuse quiétude que sa nouvelle condamnation — encore qu'un peu molle! — nous avait procurée. Parlons-en de façon à en-

---

1. Déclaration écrite et signée par Alfred Dreyfus avant de quitter Rennes. L'expression des mêmes idées se retrouve dans une lettre adressée par lui à la famille Scheurer-Kestner, à l'occasion de la mort du courageux promoteur de la revision.

tretenir contre lui dans le cœur de notre peuple le mépris, la fureur que nous y avons industrieusement semés. Parlons-en, pour qu'il demeure établi qu'il n'y a pas l'ombre d'un doute sur sa culpabilité, pas même chez les juges militaires qui lui ont accordé ces importunes circonstances atténuantes -– que nous nous efforcerons d'ailleurs d'atténuer elles-mêmes auprès de nos lecteurs, en les interprétant adroitement, ou, ce qui vaut mieux encore, en les leur cachant, simplement [1]...

Et voilà pourquoi, après avoir pris l'engagement de n'en plus parler, ils en parlent de plus belle. Écoutez, je vous prie, ce bon apôtre qui fait honte à Dreyfus d'avoir accepté sa grâce et renoncé à son pourvoi en revision devant un autre Conseil de guerre : nouvel aveu du crime, tout simplement, cette lâche acceptation de la grâce, ce retrait du pourvoi ! Comment, Dreyfus n'a pas eu le cœur de faire les cinq petites années de détention qu'il devait encore fournir à la justice

1. Un journal qui s'est particulièrement signalé par le cynisme de sa mauvaise foi supprima dans son édition de province toute mention des circonstances atténuantes. Dans l'édition de Paris, l'escamotage lui sembla par trop difficile et il n'osa pas s'y livrer. Mais avec les bons provinciaux, les paysans, privés pour la plupart d'éléments de contrôle, à quoi bon se gêner ? Cet exemple, choisi entre mille autres, procédant du même esprit d'improbité, du même parti pris d'égarer systématiquement jusqu'au bout la conscience nationale, montre de quelle façon le peuple français a été renseigné sur l'affaire Dreyfus.

de son pays après sa villégiature à l'île du Diable! N'est-il pas évident qu'une âme aussi vile ne peut être que celle d'un traître?

Et c'est ainsi que la haine inassouvie de ces magnanimes Français continue à déchirer sa victime... Il y a des moments où je me demande avec épouvante si le crime qu'ils ne peuvent pardonner à cet homme, le crime dont la connaissance, à tout le moins le soupçon qu'ils en ont, les exaspère, ne serait pas d'aventure celui d'être innocent. Et cela sans doute serait horrible. Mais quel élément d'horreur a manqué à ce drame? Celui-là n'y serait donc pas déplacé... Non, vraiment, on ne hait pas le simple crime à ce point. L'innocence, oui : pour la punir de l'obscur remords qu'on éprouve de l'avoir persécutée; remords qui, tourné en rage, pousse peut-être, qui sait? à la persécuter encore davantage...

*
* *

Mais ce n'est point sur de telles paroles que je veux terminer ce journal. La colère les inspire et m'en a inspiré d'autres semblables au cours de ces pages. Or, la colère est mauvaise, et ce n'est point de colère, c'est de réconciliation et d'apaisement que ce pauvre pays meurtri a besoin.

Oh! non, plus de haine, plus de haine! Haine à la haine seule! Effaçons, s'il se peut, jusqu'au sou-

venir de ce temps maudit où nous nous sommes
rués les uns contre les autres, la menace et l'invective aux lèvres. « *La douceur profitera plus que
la rigueur... Ôtons ces noms diaboliques, noms de
partis, factions et séditions : luthériens, huguenots
et papistes; ne changeons le nom de chrétiens...* »

Ainsi parlait, il y aura tantôt trois siècles et
demi, l'un des meilleurs, l'un des plus grands
Français qui furent jamais, le chancelier Michel
de L'Hospital... Ôtons ces noms diaboliques : dreyfusards, anti-dreyfusards; ne changeons le nom
de Français[1]!

- (Août-septembre 1899.)

---

1. Ces lignes étaient écrites depuis plusieurs jours, lorsque
j'ai eu le plaisir de constater que, par le hasard d'une rencontre dont je me sens très honoré, l'idée qu'elles expriment se trouvait, en termes presque semblables, dans un
article de M. Ernest Lavisse sur la Réconciliation nationale.
(*Revue de Paris* du 1" octobre.)

PRO DOMO

Donc, Dreyfus est libre.

Il m'est infiniment doux de penser que mon modeste effort a, pour la très humble part qui lui revient, contribué peut-être à créer le mouvement d'opinion qui, finalement, a rendu cet infortuné à la vie, à la liberté, — en attendant que des circonstances qui, de toute nécessité se produiront un jour ou l'autre, le rendent officiellement à l'honneur.

*
* *

On m'a plus d'une fois demandé : « Comment se fait-il que vous, « cocardier », vous qui portez comme François Coppée « un bonnet à poil dans le cœur », vous n'ayez pas « marché » dans l'Affaire avec la Ligue des Patriotes et la Ligue de la Patrie française? La surprise en a été grande pour ceux qui vous connaissent... »

— C'est qu'ils me connaissent mal. Il y a bonnet à poil et bonnet à poil. Le mien, apparemment, n'est pas tout à fait de la même qualité que ceux du cher poète et des éminents personnages qui ont tout à coup découvert qu'ils en portaient un, que personne, pas même eux! n'avait jamais soupçonné. Car le temps présent aura été marqué par le miracle, dont je me réjouis, d'une prodigieuse multiplication du bonnet à poil dans les cœurs, — dans des cœurs même où l'on a parfois éprouvé quelque étonnement à le voir se dresser avec un hérissement si martial. Qui l'eût dit, que M. Forain, grand artiste, observateur malveillant et amer de la vie, ironiste impitoyable, que Gyp, — le plus spirituel et le plus irrévérencieux des gavroches de lettres, — qui l'eût cru que ces âmes peu « gobeuses », si j'ose m'exprimer comme le Petit Bob, *bonnetapoiliseraient* d'un tel zèle?...

C'est pourtant vrai que j'aurais pu « marcher » avec eux. Et ce délicieux Petit Bob, dans un prochain ouvrage où sa mère nous le montrera peut-être philosophant sur l'Affaire, aurait dit à son précepteur des choses flatteuses sur mon compte, au lieu que je suis réduit à trembler en pensant au jugement que portera sur moi le jeune éphèbe antisémite! Et la Ligue de la Patrie française m'eût peut-être délégué à la place de M. Forain, si indiqué, cependant! pour recevoir à Toulon l'héroïque commandant Marchand, et lui dire à l'oreille des petits mots que M. Thiébaud y avait déjà glissés à

Djibouti! Et, dans les grandes circonstances, quand le besoin se fait sentir d'un geste inspiré, plus éloquent que toutes les paroles, M. Millevoye, qu'un décret nominatif de la Providence a créé spécialement pour exécuter avec maîtrise ces beaux gestes, m'eût embrassé en public : accolade précieuse, qui m'eût sacré patriote presque aussi pur que M. Jules Guérin, objet naguère, sur les glacis du Fort Chabrol, de cette inestimable faveur!... Et ceux qui m'ont conspué m'auraient, hélas! idolâtré... Et je serais populaire comme d'autres, — plus que d'autres, peut-être! — car ils ont beau faire, ils ne savent pas parler des choses de la patrie, ayant trop ironisé dans leur vie, et moi, je le sais, au contraire, moi qui crois à ces choses-là avec mon esprit, avec mon cœur, avec la moelle de mes os! Et c'est eux, pourtant, les évadés du dilettantisme et de la blague, eux et leurs associés, les patriotes de café-concert, que la foule acclame, moi, qu'elle sifflerait au besoin...

Pourquoi faut-il que j'aie eu une conscience, l'habitude de l'écouter, et que cette conscience m'ait impérativement affirmé qu'il y a une façon d'aimer sa patrie, quand cette patrie est la France, autre et meilleure que d'honorer son armée selon le rite nationaliste : en prenant successivement la défense d'un Esterhazy ou d'un Voulet, en glorifiant publiquement un Henry?

* *

On me dit :

« Valait-il donc la peine de troubler votre vie,
de vous exposer au blâme, exprimé ou secret, de
quelques-uns de vos amis, — peut-être même de
personnes qui vous tiennent de plus près que des
amis, — aux injures qui vous furent prodiguées,
aux rancunes qui vous poursuivront, à l'hostilité,
qui ne désarmera pas, de cette jeunesse militaire
que vous aimiez? »

— Oui, gens raisonnables, qui n'eûtes, qui
n'aurez jamais l'absurde tentation de vous jeter
à l'eau pour sauver un inconnu en train de se
noyer; oui, gens sages, auxquels la clameur de la
foule cruelle hurlant à la mort après un homme
n'inspirera jamais l'envie de descendre dans la rue
pour le couvrir de votre corps, — oui, vraiment, il
valait la peine!

Un des miens a écrit : « *C'est toujours un noble
spectacle que celui d'une minorité réduite aux abois,
condamnée d'avance, et qui, néanmoins, lutte pied
à pied, tirant ses dernières cartouches pour la justice et pour le droit. Il y a là, pour les âmes un peu
bien situées, des satisfactions qui échappent au vulgaire et qui sont déjà, par elles-mêmes, une revanche.
La foule peut se donner d'autres jouissances et les
partager avec ses serviteurs : elle ne connaîtra
jamais cette volupté de sentir qu'on est un contre*

dix, et qu'on ne se rend pas, qu'on a contre soi la force imbécile et brutale et qu'elle vous écrase, mais sans vous dompter [1]... »

A Wissembourg, alors que son régiment décimé, l'héroïque 1er tirailleurs, battait en retraite, seul du côté des nôtres, au milieu de la grêle des balles qui convergeaient sur lui, le soldat qui plus tard devait écrire ces lignes s'obstinait encore à tirer. Sous le feu croisé des injures, j'ai — toutes proportions gardées — goûté quelques-unes des joies mâles que les récits du volontaire de 1870 m'avaient donné envie de connaître, et que la guerre m'avait refusées.

****

On me dit aussi :

« A supposer qu'il y ait eu vraiment une erreur judiciaire commise en 1894, comment avez-vous pu préférer l'intérêt d'un homme, d'un méchant petit capitaine juif, à l'intérêt du pays ? »

Je réponds :

— La cause d'un innocent condamné à tort, qu'elle soit celle d'un méchant petit capitaine juif ou d'un chrétien m'eût toujours paru digne d'une profonde pitié. Mais il y avait dans l'affaire du petit capitaine juif bien autre chose que l'inté-

1. ALBERT DUUUY, *L'Instruction publique et la Démocratie,* p. 332.

rêt, pourtant sacré à mes yeux, de la réparation d'une iniquité. Nous nous évertuons à vous dire et vous ne voulez pas, ou plutôt vous feignez de ne pas comprendre que nous avons cru l'honneur même de la France directement intéressé à cette réparation. Et c'est précisément cette conviction-là, — sincère et pure de tout alliage chez beaucoup d'entre nous, — qui a donné à notre revendication la noblesse que vous lui contestez, et la force que vous êtes bien obligés de lui reconnaître aujourd'hui, puisque Dreyfus est libre...

On me dit encore :

« Voyez ce pays désemparé, qui flotte à l'aventure, qui s'en va — et sur quelle mer orageuse! — Dieu sait où. C'est la campagne entreprise en faveur de Dreyfus qui l'a mis dans cet état. »

Je réponds :

— Je vois comme vous le mal fait à la France par cette crise affreuse, et comme vous, autant que vous, ce spectacle me remplit de douleur.

Mais une fierté se mêle à ma douleur. Quel est donc le pays, autre que celui-ci, qui aurait autant peiné, qui aurait autant souffert, qui se serait fait à lui-même de pareilles blessures, pour le seul avantage d'assurer le triomphe du très noble idéal que prétendaient avec une égale sincérité servir les innombrables honnêtes gens des deux partis aux prises : — ceux-ci, leur conception d'une armée respectée comme étant, ce qu'elle est en effet, le palladium de la patrie; ceux-là, leur conception d'une France immuablement fidèle à ses principes de justice et d'humanité, partie essentielle à leurs yeux de sa grandeur morale?

D'ailleurs, cette crise a fait autre chose que des ruines. Au lieu d'un peuple en proie au mal mortel d'indifférence, détaché de ses propres affaires, laissant une poignée de politiciens incapables le conduire au gré de leurs intérêts mesquins, de leurs ambitions sans grandeur, je vois une nation délivrée de sa torpeur, émue, vibrante, les yeux ardemment fixés sur la chose publique, résolue, on peut l'espérer, à mieux choisir désormais ceux à qui elle en confiera la gestion et surtout à ne plus abdiquer entre leurs mains. Or, ce sont là des signes certains de renaissance.

L'âpreté même avec laquelle on a combattu révèle des réserves inattendues d'énergie, une faculté intacte de croire à de certaines idées et de s'y dévouer corps et âme, — qu'on ne soupçonnait pas, peut-être, — chez les Welches frivoles que nous sommes, paraît-il. Ces énergies pourraient se retrouver un jour, non plus s'entre-choquant les unes contre les autres, mais unies. Au fond, ce sont tout simplement deux façons différentes d'aimer la France qui nous ont mis aux prises. C'est l'amour

de la patrie — un amour de part et d'autre exaspéré, furieux — qui a fait de nous les frères ennemis que nous fûmes. C'est lui aussi qui pourrait
en certaine occurrence — et qui doit, même sans
cette occurrence — faire aujourd'hui de nous des
frères réconciliés. Aux étrangers qui, parlant de la
France, se complaisaient à noter les prétendus
symptômes de sa décrépitude, le combat de gla-
diateurs auquel nous venons de nous livrer sous
leurs yeux prouve du moins la persistante vitalité
de notre race. Et il est bon pour un peuple qu'on
n'ignore pas qu'il a du sang dans les veines...

Enfin, c'est une question de savoir si toutes nos
misères présentes sont, comme l'affirment ceux
qui ont intérêt à le prétendre, la conséquence
de la campagne entreprise en faveur de Dreyfus,
ou s'il ne faudrait pas chercher ailleurs la cause
première de ces misères.

Quand l'histoire établira le bilan des responsabilités encourues à l'occasion de la calamiteuse
« Affaire », elle jugera sévèrement les hommes
néfastes auxquels il eût suffi d'un peu de cœur et
de clairvoyance pour épargner au pays le mal incalculable qu'ils lui ont fait en refusant obstinément la revision, même après qu'un fait tel que
le suicide du colonel Henry eut ajouté toute sa
sinistre éloquence aux raisons invoquées par le
bon citoyen et le pur patriote qui, le premier,
l'avait demandée.

Si l'orage s'est formé, s'il a tout ravagé en crevant sur le pays, la faute en est surtout à ceux qui pouvaient le dissiper d'un mot, d'un seul mot, et qui n'ont pas eu le courage de prononcer ce mot-là. A la place de ces hommes d'État dont c'était la fonction de comprendre et qui n'ont pas compris, dont c'était la fonction de prévoir et qui n'ont pas prévu, dont c'était le devoir d'être braves et qui furent pusillanimes, supposez un Thiers avec sa pénétrante intelligence, un Gambetta avec les rapides intuitions de son grand cœur : le mot sauveur était prononcé à temps, la revision s'opérait sans le profond ébranlement que, conquise seulement de haute lutte, elle a nécessairement communiqué au pays tout entier. Dieu garde la France des médiocres et des violents! Ces ruines qui jonchent, hélas! notre sol : ruine de la concorde nationale, ruine de la confiance du pays dans les chefs de son armée, ces ruines-là, les premiers les ont faites autant que les seconds...

*
* *

On me dit enfin :

« Comment avez-vous pu faire campagne avec es ennemis de l'ordre social? »

Je réponds :

— On choisit sa cause, on ne choisit pas ceux qui la défendent avec vous. Je n'ai pas plus choisi M. Jaurès, par exemple, que vous n'avez, vous

autres, je le suppose du moins, choisi M. Rochefort. Il a plu à M. Rochefort, infatigable insulteur
de l'armée depuis plus de vingt ans, de s'en déclarer tout à coup le défenseur et vous n'avez pas
repoussé, que je sache, sa puissante protection, —
pas plus d'ailleurs que celle de M. Alphonse Hum-
bert, l'ancien Père Duchêne, dont Gustave Chaudey
passe pour avoir eu à se plaindre sous la Commune.
Il a plu à M. Jaurès et à M. Clemenceau de mettre
au service d'une idée qui m'était chère, l'un sa
généreuse éloquence, l'autre sa dialectique ner-
veuse et la verve inépuisable de son merveilleux
talent : je n'ai pas protesté davantage.

De ce qu'une cause, qu'on croit bonne et juste,
recrute des adhérents avec lesquels on n'a de
commun qu'une commune foi dans la bonté de
cette cause, il ne s'ensuit pas qu'on doive pour
cela cesser de la croire juste et de la servir. On a
seulement besoin d'une conviction forte pour ne
pas l'abandonner, puisque la fidélité qu'on lui
garde dans de telles conditions exige le sacrifice
des répugnances qu'il a fallu vaincre pour y per-
sévérer.

J'ai défendu la Justice sans qu'il en coûtât rien
à mon respect pour l'Armée ; j'ai parlé de l'Armée
avec d'invariables égards, — et même avec quelque
chose de plus que des égards, car elle mérite davantage, — sans me croire tenu pour cela de sacrifier à ces égards l'amour de la Justice et de la

Vérité. Je laisse avec un tranquille dédain le pharisaïsme des bourgeois « amis de l'ordre », dont la *Libre Parole* et l'*Intransigeant* sont les bréviaires, me traiter d'anarchiste. Et pour avoir été une fois par hasard du même avis que M. Jaurès et que M. Clemenceau, je ne me crois ni plus mauvais citoyen ni plus ennemi de l'ordre social que ces étranges conservateurs dont l'esprit politique s'est successivement hausse, d'abord à vouloir remettre les destinées de notre pays aux mains d'un Boulanger, aujourd'hui à croire la question sociale résolue et la France sauvée, quand notre peuple tout entier récitera comme eux les versets de l'abominable évangile dont avec l'antisémitisme, — leur seconde « grande pensée » en quinze ans ! — ils ont adopté le *Credo*.

TROISIÈME PARTIE

12.

LE DRAPEAU

Sur certains points de la côte bretonne, au sommet de la falaise dont les vagues rongent éternellement la base, on voit une croix dressée en face de l'immensité verte et mouvante des flots.

Elle est de bois ou de pierre; aucun ornement, aucune inscription ne la décore. Mais des mères et des veuves viennent depuis de très longues années y prier pour ceux que l'Océan leur a pris ; et d'autres femmes y viendront à leur tour, vêtues de noir et désespérées comme elles, aussi longtemps que la mer perfide se fera un jeu de nourrir les pêcheurs et de les dévorer. Parmi les grondements des lames furieuses et la plainte lugubre du vent dans les cordages, des marins en détresse ont, dans l'angoisse de l'horrible mort entrevue, tourné leur suprême pensée vers cette croix, où leurs mains enfantines suspendaient pieusement les fleurs d'or des genêts, tressées en couronnes.

Et c'est pourquoi le modeste monument parle

si éloquemment à nos cœurs, que le moins dévot est tenté de s'incliner avec respect en passant devant lui. Cette croix, cette humble croix est auguste de toutes les espérances, de toutes les douleurs que de pauvres âmes humaines ont apportées à son pied.

***

Des roulements de tambours, puis une joyeuse sonnerie de clairons ont annoncé l'approche de la troupe. Dans la rue, aussitôt, les passants s'arrêtent ; les cochers retiennent leurs chevaux et se rangent ; des fenêtres s'ouvrent, se garnissent de figures curieuses... D'une allure leste et martiale, le régiment s'avance. Les pieds des soldats se relèvent ou se posent tous ensemble, les bras retombent en cadence dans le rang. On dirait qu'une seule âme circule dans ces centaines de corps jeunes et vigoureux, leur communique le mouvement rythmique qui les balance. La foule admire, et la foule a raison : car, dans cette force réglée, sûre d'elle-même, réside un élément de beauté, comme dans tout ce qui offre à nos yeux le spectacle de l'ordre et de l'harmonie.

Déjà les gamins qui précèdent la musique, la musique elle-même et les premières compagnies ont passé. Les petits pioupious défilent sous le feu croisé des regards braqués sur eux des deux côtés de la rue. On voit que le métier est dur : ce n'est pas la graisse qui les étouffe, les pauvres enfants ! Plus d'un est pâle, ayant mal dormi, cette nuit, sous sa mince couverture; plus d'un aussi traîne un peu la jambe, car le godillot est rude aux pieds, le fourniment pèse et l'étape a été longue ! Et les braves gens qui assistent au défilé seraient tentés presque de s'apitoyer, de maudire les dures exigences du service militaire, s'ils ne songeaient, tout en regardant :

« Le forgeron aussi est las, le soir, lorsqu'il quitte son enclume; las, le moissonneur, lorsqu'il a rentré son blé dans la grange; las, le commerçant, l'industriel, quand ils ont fini leur journée; las, tous ceux, ouvriers des bras ou de la pensée, qui ont achevé leur tâche quotidienne. Mais chacun d'eux n'a travaillé que pour lui-même, tout au plus pour les siens. Ce soldat dont les pieds saignent, et celui-là qui, sous le sac trop lourd, tend le cou comme une bête harassée, et cet autre qu'on vient de hisser dans la voiture grise d'ambulance parce que ses jambes épuisées ne pouvaient plus le porter, — ce n'est pas pour eux-mêmes, ce n'est pas pour leur femme et pour leurs enfants, c'est pour quelque chose de plus saint que la famille même : c'est pour notre mère commune à tous, c'est pour la douce France qu'ils ont peiné et qu'ils peineront demain encore.

« Petit soldat, qui pour deux sous par jour

montes la garde sous le brûlant soleil ou la bise glaciale tandis que je vaque à mes affaires ou me repose; qui arroses des gouttes de ta sueur la poussière des grandes routes, tandis que je dîne ou que je dors dans mon bon lit; toi qui, trois ans durant, exerces la jeunesse à endurer le froid et le chaud, l'insomnie, les privations et la fatigue, sois loué et sois béni! Honte à ceux qui vous traitent, toi, tes camarades et tes chefs, de fainéants! Tandis que vous veillez sur elle, la nation, confiante en ses gardiens, travaille et produit. Elle sait que vous êtes là, marins et soldats, dressés entre elle et ses ennemis... »

Aussi, lorsque le régiment passe, le peuple de France sent son cœur battre et contemple avec amour, superbe en ses atours de guerre, la fille chérie de son cœur, l'Armée.

*
* *

Mais voici que dans les rangs de la foule le silence se fait. Quelque chose de grave a remplacé l'allégresse qui tout à l'heure brillait dans les yeux. Tous les regards se fixent sur le même point avec une expression ardente de recueillement. Plus de rires, plus de propos joyeux. Chapeaux bas! C'est le Drapeau.

Trois bandes d'étamine cousues ensemble et fixées à une hampe : c'est chose facile à faire

qu'un drapeau. Pourquoi donc ce simple morceau
d'étoffe, comme l'humble croix de bois ou de
pierre plantée en face de la mer, possède-t-il une
vertu secrète qui fait que nul ne peut le contempler
sans émotion? C'est qu'il est, aussi bien que cette
croix, l'emblème d'un haut idéal; c'est qu'il traduit, condensés en un signe matériel, quelques-
uns des plus nobles sentiments qui puissent faire
battre le cœur de l'homme; c'est enfin que les
yeux de notre corps ne peuvent regarder ce signe,
sans que ceux de notre esprit perçoivent autour
de lui l'invisible et radieuse auréole que lui font
les grandes choses, actes de vaillance, dévoue-
ments sublimes, dont il a été l'inspirateur.

Et voici ce que dit, en un langage qui, pour être
muet, n'en est pas moins compris de tous, le Drapeau qui flotte au-dessus du régiment :

« Je suis l'image auguste de la Patrie. Depuis
qu'il y a une France, je me dresse au milieu de ses
armées. Je parle d'elle à ceux qui, pour elle, vont
verser leur sang; je les exhorte à ne pas lui en
marchander une seule goutte, et, quand ils sont
tombés, je console — en restant debout — leur
agonie.

« Sous un autre nom et d'autres couleurs, j'étais
il y a sept siècles à Bouvines, conduisant les mili-
ces de France à la défense de leur sol envahi par
les Allemands; et, au plus fort de la mêlée, agité

en l'air par le bon chevalier qui me portait, j'appelais les nôtres au secours de leur Roi en péril.

« Cinq cents ans plus tard, blanc et fleurdelysé d'or, j'étais à Denain, le jour où la dernière armée de Louis XIV livrait la suprême bataille que j'aidai à gagner, en rappelant aux soldats de Villars que c'en était fait de la France, si par un miracle d'héroïsme ils ne la sauvaient.

« A Valmy, à Jemmapes, à Fleurus, j'ai fait flotter les trois couleurs à la tête des irrésistibles légions de la République; cloué à un tronçon de mât, j'ai eu le dernier regard, la dernière pensée des marins du *Vengeur*, lorsque aux sons de la *Marseillaise* leur navire criblé de boulets s'enfonçait lentement dans les flots.

« A Austerlitz et à Iéna, j'ai été sacré d'une gloire immortelle par les armées du grand Empereur. A l'heure des revers, pendant la funèbre retraite de Russie, c'est autour de moi que marchaient, rangés en un silence farouche, les survivants de la Grande Armée. Par delà les mornes steppes glacés, j'évoquais à leurs yeux la lointaine Patrie; sous l'âpre bise et la neige, j'entretenais la flamme de vaillance indomptable qui soutenait les corps épuisés de ces héros.

« J'ai parcouru toute la terre : l'Algérie et la Chine, le Mexique, le Sénégal et le Tonkin m'ont vu successivement apparaître; naguère encore, une poignée de braves m'a planté, au centre de la meurtrière Madagascar, sur Tananarive conquise.

« Mais ce n'est pas la guerre, la conquête seules que j'ai promenées à travers le monde. Mon éternel honneur sera d'y avoir apporté aussi le généreux esprit de la France.

« J'ai détruit le vieil édifice féodal, abri de séculaires iniquités, qui pesait sur l'Europe. Dans tous les lieux où j'ai passé, j'ai semé, je sème encore la liberté. Les peuples mêmes qui ont souffert de mes triomphes ont trouvé dans les défaites que je leur infligeais le gage salutaire de leur régénération ; ils ont maudit mes victoires, — et ces victoires leur ont profité.

« Je les ai rachetées, d'ailleurs, ces conquêtes qu'on me reproche ! Si j'ai aimé la Gloire, j'ai aimé la Justice aussi. Pour le seul amour d'elle, j'ai abrité de mes plis des causes justes qui, sans moi, succombaient ; j'ai protégé les faibles ; j'ai combattu, sans réclamer de salaire, pour l'indépendance de peuples opprimés ; j'ai aidé les Américains et les Grecs, les Belges et les Italiens à s'affranchir. Que ceux-là parmi eux l'oublient qui ont la mémoire courte, peu importe ! J'ai bien mérité de l'humanité : j'ai conquis, mais j'ai délivré. »

*
* *

Ainsi, le Drapeau résume en un symbole très clair les plus nobles pages de l'histoire de la

13

France. Il rappelle la grandeur du rôle qu'elle a joué dans le monde, ses triomphes et ses revers, des gloires et des désastres également inoubliables, des services généreusement rendus par notre pays à la cause de l'émancipation des peuples. Il nous parle d'honneur, de courage, d'abnégation, de mépris de la mort, de toutes les mâles vertus enfin qui trempaient les âmes des innombrables Français tombés pour sa défense.

Et c'est pour cela que, lorsque le régiment passe, tous les fronts doivent se découvrir pieusement devant le Drapeau, comme devant le Saint-Sacrement de la Patrie [1].

1. Ces pages ont servi de préface à un volume publié en 1896, chez Hachette, par M. Maurice Loir, sous le titre : *Au Drapeau !*

CANROBERT

29 janvier 1895.

Soldats de France, apportez des lauriers ! Apportez à pleines mains

> Ces belles palmes toujours vertes
> Qui gardent les noms de vieillir !

Les palmiers de Zaatcha vous fourniront celles qui eussent été les plus chères à son cœur. Mêlez à ces palmes un rameau du pâle bouleau de Crimée : il en pousse sur les collines de l'Alma et dans les champs d'Inkermann... Et c'est la magnanime Russie elle-même qui en tressera pour lui des couronnes ! Ajoutez un feuillage cueilli à l'olivier d'Italie : l'Italie permettra peut-être que vous empruntiez ce feuillage aux oliviers de Magenta.

Mais surtout n'oubliez pas la branche du sombre sapin des Vosges ! Qu'on la prenne, celle-là, s'il se peut, près de Metz, sur la hauteur meurtrière de Saint-Privat ! Qu'on l'apporte avec une poignée de la terre sacrée qui n'est plus terre de France ! Et qu'on la pose, cette branche du sapin lorrain, qu'on la pose cravatée d'un large ruban tricolore, sur le cercueil où dort le maréchal Canrobert.

***

Car cet exemple vivant n'est plus. Cette belle figure de soldat, où l'armée nouvelle aimait à retrouver l'image de l'ancienne, disparaît. Sachons gré à la mort d'avoir accordé à ce héros la fin que souhaitait sans doute son âme, obstinément guerrière en dépit des années. Une vieille blessure reçue à la prise de Constantine, en 1837, s'est rouverte. Et, après plus d'un demi-siècle écoulé, ce boulet perdu l'emporte. C'est bien au champ d'honneur que devait mourir et qu'est mort le maréchal Canrobert.

Admirez la belle unité de sa vie. Officier, officier supérieur, général, chef d'armée avant 1870, sénateur sous la République, cet homme, si noblement fidèle qu'il soit resté au souvenir de l'Empire, a été en tout temps, en tout lieu, l'homme de la France, le bon serviteur qui jamais ne se lasse, qui jamais n'épargne sa peine, que rien ne rebute, pas même les injustices, pas même les calomnies, et qui ne demande pour salaire que l'estime de son pays.

La France lui a fait bonne mesure, en ajoutant à

cette estime sa gratitude et son respect. Il a vieilli
entouré de la vénération publique. Les rois et les
empereurs, les chanceliers, les ministres, les
hommes de guerre de l'Europe tenaient à honneur
de s'incliner devant lui. Il était pour eux plus
qu'un homme, même très illustre : il était un
symbole. A leurs yeux, quelque chose de cette
auguste personne morale qu'est la France, — la
vraie France, qui n'est pas celle, hélas ! que nous
montrons à l'étranger ! — s'incarnait dans ce
vieux maréchal.

Pour nous, il était aussi cela — et même quelque
chose de plus : une consolation, un réconfort, une
raison de ne pas nous abandonner au dégoût de
nous-mêmes... Quand les spectacles que nous offre
la politique contemporaine avaient par trop sali
nos yeux, nous allions les nettoyer sur lui. Et notre
nausée s'apaisait un peu quand nous avions respiré
cette fleur d'honneur, de désintéressement et de
patriotisme, qui continuait à exhaler son parfum
au milieu de cette abominable pestilence.

On jugera peut-être qu'il appartient au gouvernement de donner à ce sentiment unanime l'éclatante sanction qui convient. Il semble que le pays
ait quelque chose à faire, aujourd'hui, pour s'acquitter à son tour envers l'homme qui n'a jamais
cru qu'il eût fini de payer sa dette à la patrie, tant
qu'il a eu un souffle de vie à lui offrir.

*
* *

Trois hommes m'ont inspiré, dans l'absolu de sa plénitude, le sentiment du respect. L'un est Pasteur. Que Dieu nous le laisse longtemps encore! L'autre était Canrobert. On me permettra de ne pas nommer le troisième — encore que de celui-là ma pensée et mon cœur soient toujours aussi pleins, que s'il continuait à me donner chaque jour en exemple la mâle et simple grandeur de sa vie.

Quand j'appris, il y a quelques jours, que le maréchal était indisposé, je demandai à le voir. Tout souffrant qu'il fût, il y consentit — avec la bonté qui dans ce rare cœur égalait la vaillance.

J'entrai dans cet appartement sans luxe, mais où l'on sentait partout présente la grandeur morale de celui qui l'habitait. Je vis aux murs ces images guerrières qui toutes parlent de sacrifice à la patrie, et les photographies de ses frères d'armes, au milieu desquels il aimait à vivre, puisqu'il n'avait pu tomber à leurs côtés dans la belle ivresse d'un jour de bataille, quelques avances qu'il eût faites à la mort. Je m'arrêtai un instant devant l'admirable portrait du maréchal lui-même. Et sous son costume civil, je le retrouvai tel qu'un officier de l'armée de Metz me contait l'avoir vu au feu : dressé sur ses étriers, levant très haut la tête, bombant la poitrine, comme pour offrir plus de prise à la mort qu'il bravait et, de ses narines largement ouvertes, — selon le mot superbe qui me fut dit, — « *reniflant au passage les obus* ».

Je fus introduit dans sa chambre. Il souleva sur l'oreiller sa tête de vieux lion blanchi. Sa fille, celle qu'il appelait « son Antigone », l'aidait à se tenir dans son lit presque assis. Et c'est là un spectacle que je n'oublierai jamais.

Il se mit à parler intarissablement, avec cette éloquence naturelle qui n'était que le jet au dehors du trop-plein d'héroïsme qu'on sentait bouillonner en lui. Et j'entendis des choses si belles que j'aurais voulu me mettre à genoux pour les entendre. Il évoqua ses campagnes, ses armées, ses batailles. Je vis défiler devant moi toute la gloire de mon pays depuis de très lointaines années, où je n'étais pas né encore, et où lui, déjà, travaillait à la grandeur de la patrie. Je vis le terrible ravin et la brèche de Constantine ; les oasis, entourées de murs en terre sèche abritant de noirs démons vêtus de blanc, dont le long fusil vous crache à bout portant d'effroyables blessures ; je vis Sébastopol et son funèbre Mamelon Vert, Turin pavoisé, criant, ivre d'amour : « *Evviva la Francia!* » Je vis le roi Victor-Emmanuel chargeant avec les zouaves à Palestro, je vis Metz...

Et comme il prononçait ce nom, soudain il demanda un livre, un vieil annuaire de l'armée allemande, où figure l'interminable liste des officiers de la garde royale prussienne tombés à Saint-Privat. Quand j'eus regardé les pages qu'il me désignait, il prit le livre, le mit sur ses genoux, posa sa main dessus, et, avec un regard et une voix terribles, il me dit :

— Ceux-là, ce sont MES MORTS !

Et cette main débile, cette main décharnée d'octogénaire, prit tout à coup à mes yeux l'aspect formidable d'une patte de lion s'allongeant sur une proie.

Puis il me parla de ses infirmités, de sa jambe blessée qui le faisait cruellement souffrir, de la difficulté qu'il éprouvait à entendre.

— Je suis sourd ! me disait-il.

— C'est pour avoir trop souvent et de trop près entendu le canon ! criai-je à son oreille.

Il sourit et me dit :

— Oui, j'ai encore connu la guerre, moi !

Ce qu'il entendait par là, vous le devinez. Il avait connu la guerre héroïque, la guerre où c'était de la trempe de l'instrument humain que dépendait surtout la victoire. Et c'est cette guerre-là qu'il aimait. La guerre scientifique de demain lui paraissait moins belle que l'autre, parce qu'elle sera moins chevaleresque. Les preux des anciens temps ont dû éprouver quelque chose de ce sentiment, quand la brutalité des « bastons à feu » — ainsi que Montluc appelle dédaigneusement les mousquets

— a remplacé la noblesse de l'épée et de la lance.

Je le quittai, ému plus que je ne saurais dire, et songeant à part moi que le maréchal avait eu raison de venir habiter cette rue parée du beau nom de Marignan : car j'avais très nettement senti qu'en lui revivait l'âme d'un paladin, d'un autre chevalier Sans Peur et Sans Reproche.

*
* *

Et maintenant, Monsieur le maréchal, de cette mort que vous avez tant de fois regardée face à face, le problème est pour vous résolu. Vous savez le mot de l'énigme profonde ; vous avez pénétré le mystère essentiel. S'il est quelque part, — comme vous le croyiez fermement, — un lieu de lumière où se réunissent les âmes, c'est là qu'est la vôtre. Elle y a retrouvé ses âmes sœurs. Jeanne d'Arc et Bayard sont venus au-devant de vous ; Gaston de Foix, Turenne, Tourville et Villars, Marceau et Desaix, Lannes et Ney, Bugeaud, Courbet et Mac-Mahon vous attendaient...

Nous, cependant, nous restons, portant dans nos cœurs, que l'angoisse de cette heure sombre étreint, une tristesse de plus. Nous sentons qu'avec vous quelque chose de très pur, de très noble, de très grand nous a quittés. Ces pertes-là, nous ne savons plus aujourd'hui comment on les répare. Où sont-ils, ceux qui remplaceront nos grands morts de cet hiver ?

Mais vous nous laissez un exemple : celui d'une belle vie consacrée tout entière à l'honneur, au devoir, à la patrie. Et il se peut, en effet, que cette terre de France, pour la gloire ou la défense de qui vous avez tant de fois versé le généreux sang de vos veines, dévore la dépouille que nous allons lui confier. Mais qu'est-ce que cela? Les grands cœurs comme le vôtre échappent aux reprises du néant. Vous vivez toujours, puisque la mémoire des hommes est pleine du souvenir de vos vertus; vous continuez à servir la France, puisque les hauts enseignements qui sortent de votre vie nous restent comme une semence de dévouement et d'héroïsme qui fructifiera; et, après m'être respectueusement incliné devant la tombe où nous allons déposer avec vous cinquante ans de notre gloire, j'essuie mes pleurs, car cela seul qui est viril sied au deuil des héros, et je dis :

« Soldats de France, votre vieux chef était riche d'honneur, mais pauvre d'argent. Et pourtant, il vous lègue un trésor royal. Venez et prenez votre part. A chacun de vous, une parcelle de l'âme du maréchal Canrobert! »

Et si nombreuse que soit notre armée, il y en a pour tous, — tant cette âme était grande!

LES DEUX FRANCES

4 février 1895.

« Comme il est grand! », disait le roi blême, Henri III, en regardant le duc de Guise étendu mort à ses pieds.

Le maréchal Canrobert aussi a paru trop grand à quelques-uns de ces hommes très petits qu'écrase le beau nom de Représentant du peuple. Vous les avez entendus, lors de ces deux honteuses séances pendant lesquelles j'aurais voulu qu'on voilât d'un crêpe le drapeau tricolore qui flotte au faîte du Luxembourg et du Palais-Bourbon. Vous les avez vus, dans leurs journaux, se jeter comme des hyènes sur ce cadavre que la Patrie arrosait de ses larmes, et le déchirer. Ils glapissaient si fort qu'on a pu craindre un moment que le Gouvernement ne faiblît. Cette honte nous a été épargnée. Une parole éloquente et vengeresse a fouaillé la bande à la Chambre des députés. J'imagine que la France eût aimé à l'entendre une seconde fois cette parole généreuse qui avait soulagé son cœur. Ce réconfort lui a été refusé. Canrobert, néanmoins, n'a pas été « traîné aux gémonies », comme l'avait proposé quelqu'un. Il a obtenu ses obsèques. Mais un vent de couardise avait soufflé, — qui souffle souvent en France, hélas, depuis quelques années! On s'est donc excusé quelque peu d'enterrer proprement notre dernier maréchal de France. On a eu soin de faire dire que ces obsèques étaient simplement « aux frais de l'État ».

Le peuple a haussé les épaules. Il a lu les états de services du maréchal publiés par les journaux. Il a écouté l'histoire merveilleuse de ses prouesses, contées par les médaillés de Crimée et d'Italie; il a dit : « Elles seront nationales quand même! »

Et elles l'ont été, superbement.

*
* *

Je rentre, les yeux et le cœur pleins de l'inoubliable spectacle. Il faut que je parle, que je dise ce que j'ai vu, ce que j'ai senti. Et jamais, en prenant ma plume sur ma table, je n'ai mieux compris son impuissance à exprimer certains états d'âme, d'une particulière intensité, comme l'ont été ceux par où j'ai passé.

Donc, notre maréchal a quitté sa demeure, où il ne reviendra plus, traînant à sa suite, comme autrefois quand il partait en guerre, une armée.

Et je dis que s'il avait fallu que ce héros gagnât, en autre appareil que celui-là, sa suprême demeure et notre République se fût déshonorée devant l'Europe.

Le grand char empanaché est parti, semblable à un navire pavoisé de drapeaux qui eût glissé lentement, sur un fleuve invisible, entre deux berges humaines. Les voitures chargées de fleurs suivaient son sillage, et chacune de ces couronnes racontait un exploit. Derrière, nos généraux, nos amiraux, d'innombrables officiers : toute la France guerrière suivant son maréchal. Et les têtes de la foule se découvraient pieusement devant toute cette gloire qui passait.

Tout à coup, le casque d'or des Invalides, flamboyant sous les feux du soleil, nous est apparu. Et nous avons mieux compris encore que c'était bien là, et non ailleurs, dans ce temple de la Gloire, à côté de ses pairs, les guerriers qui ont fait la France grande entre les nations, que Canrobert devait être enseveli.

Dans la grande cour, les vieux débris de nos batailles, les Invalides, lance au poing, étaient rangés. Des larmes coulaient le long des joues de ces braves; mais ils dressaient la tête comme font les vaillants quand les balles passent; ils raidissaient leurs vieux corps, mutilés pour la patrie, en une fière attitude de soldats qui présentent les armes. Et dans le fond de la cour, au-dessus de l'horloge, dépassant de la tête un faisceau de drapeaux voilés de crêpe, la statue énorme de Napoléon, qui regardait...

Nous sommes entrés dans la chapelle aux voûtes de laquelle pendent les drapeaux qui parlent de notre gloire, à laquelle ce mort avait ajouté. Nous avons entendu la grande voix de la religion qui chantait à nos cœurs les espérances de la vie éternelle. Et c'était bien d'immortalité, en effet, que nous avions besoin qu'on nous parlât, devant la dépouille d'un pareil homme.

Nous sommes revenus dans la grande cour, où, au nom de l'armée, le ministre de la Guerre a dit un noble adieu à celui qui fut l'honneur de cette armée.

Puis, notre maréchal a repris le commandement des troupes. Sur son char couvert d'un large drap tricolore, il est allé se placer, hors des Invalides, en face de l'esplanade. Et devant son maréchal mort, la fille de notre cœur, l'Armée, a défilé. Les drapeaux cravatés de crêpe s'abaissaient au passage; généraux, colonels dessinaient dans l'air, d'un beau geste large, le noble salut de l'épée. Le canon tonnait; les aigres trompettes de la cavalerie déchiraient l'air; des bataillons, massés sur l'esplanade, immobiles, formaient le fond de ce décor. Au-dessus d'eux, de noires grappes humaines pendaient aux arbres. Car des milliers et des milliers d'hommes : ouvriers, bourgeois, commerçants, braves gens qui sentent l'âme de la

Patrie flotter aux plis de ses drapeaux, étaient venus pour assister à ce spectacle. Nous nous sentions en une intime communion morale avec eux; une grande pensée de concorde, de fraternité, d'amour ardent pour la France planait sur nous. Si l'âme invisible du maréchal a passé la revue de nos cœurs, elle a dû être satisfaite de ce qu'elle y a trouvé. Et tous, officiers, magistrats, écrivains, savants, diplomates, hauts fonctionnaires de la République, représentants du Chef de notre État, hommes du peuple, nous pleurions, — tant c'était beau !

*
* *

Des deux Frances que je vous annonçais, voilà l'une. — Et maintenant, voici l'autre.

A l'autre bout de Paris, à la gare du Nord, un homme débarque qui revient d'Angleterre.

Une foule immense s'est aussi portée à sa rencontre. Épaves de la Commune et du Boulangisme, révolutionnaires, camelots à la voix éraillée, voyous blêmes à la face vicieuse, écumeurs du pavé de Paris ou de la politique, futurs candidats aux élections municipales ou autres, réfractaires et déclassés, tous sont là, attendant, pleins d'amour, celui qui va paraître. Et de cette foule s'élève une rumeur confuse qui dirait, si l'on parvenait à la condenser en paroles : « Gloire à toi, dont le rire strident et vainqueur a tout attaqué, tout détruit! De tous les bons ouvriers qui ont sapé cette vieille France qui croule, tu es le meilleur, ayant été le plus infatigable. Tu as descellé les fortes assises de discipline, de respect, d'autorité, qui depuis des siècles portaient l'édifice. Viens nous guider à l'assaut de ce qui reste debout encore parmi les ruines de cette maison détestée. Achève ton œuvre! Rapporte-nous des injures nouvelles contre le soldat, contre le magistrat, contre le prêtre, contre le gouvernement, contre le chef de l'État! Salut à toi, semeur de révolte, de discorde et de haine! Regarde-nous et vois la belle moisson que ton grain a fournie!... »

Et tandis que l'on achève de sceller la pierre tombale sur le cercueil où dort pour l'éternité le dernier des maréchaux de France, le gavroche malfaisant dont la tête de mort ricane depuis rente ans sur la décomposition de la patrie à laquelle il préside, — M. Rochefort rentre dans sa bonne ville de Paris.

J'ai promis de vous montrer deux Frances : l'une était aux Invalides avec Canrobert, l'autre à la gare du Nord avec Rochefort.

Choisissez.

LE DUC D'AUMALE

Un jour que Louis XV, alors âgé de dix à douze ans, regardait d'une des fenêtres du palais de Versailles la foule assemblée, le maréchal de Villeroi lui tint, dit-on, ce propos : « Voyez, mon maître, tout ce peuple est à vous. »

L'éducation que le sage Louis-Philippe, devenu par la Révolution de 1830 roi des Français, fit donner à ses fils fut conçue dans un esprit bien différent. « Il faut élever les princes comme s'ils ne l'étaient pas, » disait-il. Comme ses frères, Henri d'Orléans, duc d'Aumale, dut aller modestement s'asseoir sur les bancs d'un lycée. C'est une bonne initiation pour un prince, appelé peut-être à régner un jour, que d'avoir commencé par être le compagnon et l'émule de ses futurs sujets.

L'Université ne lui enseigna pas du tout que ceux-ci fussent la propriété de leur souverain. Elle lui apprit, au contraire, qu'un prince a de très grands devoirs à remplir envers le peuple aux destinées duquel il a l'honneur de présider. A Henri IV, où il fait ses classes, l'élève d'Aumale tutoie démocratiquement ses camarades. « Vous aviez connu l'égalité au collège », pourra lui dire plus tard un de ses anciens maîtres, le digne M. Cuvillier-Fleury, « vous l'avez pratiquée avec une simplicité naturelle[1]. »

Il a, comme les autres externes, ses « cahiers de correspondance », très régulièrement tenus. A vrai dire, on voit figurer sur l'un de ces cahiers un motif d'absence qu'aucun de ses condisciples n'aurait pu invoquer : Ouverture des Chambres[2]. Ce jour-là, le rhétoricien redevenu pour quelques heures fils de roi, a manqué sa classe, et ses parents — le roi et la reine des Français — l'excusent auprès du proviseur... D'horreur, le maréchal de Villeroi se fût voilé la face.

Telle était cette royauté débonnaire, que 1848 a brisée. Elle conservait l'institution monarchique, le principe tutélaire à l'abri duquel la France avait pendant des siècles prospéré et grandi. Mais elle

1. Réponse de M. Cuvillier-Fleury au discours de réception du duc d'Aumale à l'Académie française, dans la séance du 3 avril 1873.

2. Ce détail, comme plusieurs autres dont on s'est servi pour composer ces pages, est emprunté à la belle *Notice historique sur M. le duc d'Aumale*, par M. Georges Picot, secrétaire perpétuel de l'Académie des Sciences morales et politiques.

le conservait rajeuni, modernisé, adapté aux exigences de l'esprit issu de la Révolution. Cet esprit, dont le duc d'Aumale était nourri au sein même de sa famille, il le retrouvait encore dans les enseignements d'un jeune professeur d'histoire dont les leçons respiraient l'amour de la liberté et de la France[1].

Ainsi grandissait le prince. Ainsi se formait en lui le fonds d'idées morales auxquelles il est resté fidèle jusqu'au dernier jour de sa vie : simplicité, libéralisme, la compréhension et le goût du temps où il était appelé à vivre, le respect de la volonté de son pays; ainsi s'allumait en cette âme, naturellement encline aux nobles sentiments, la flamme de ce patriotisme qui ne cessa de devenir, d'année en année, plus ardent et plus pur... Louis-Philippe avait mérité la gratitude de l'Université en lui confiant son fils; celle-ci s'est largement acquittée envers le roi, en rendant le duc d'Aumale à son père tel qu'elle l'avait formé.

*
* *

Au concours général de 1839, l'élève d'Aumale, qui, tout en ayant Henri IV parmi ses ancêtres, ne

1. Victor Duruy. On permettra à celui qui écrit ces lignes d'exprimer ici la gratitude qu'il garde au duc d'Aumale pour la haute estime dont le prince se plaisait à offrir en toute circonstance les plus délicats et les plus touchants témoignages à son ancien professeur, devenu son confrère à l'Académie française et à l'Académie des Sciences morales.

dédaignait pas d'être un « piocheur », obtint deux
prix[1]. Le lendemain même de la distribution, à
laquelle le roi avait bourgeoisement assisté, en bon
père de famille, fier de voir couronner son fils, le
jeune lauréat fut nommé capitaine au 4e régiment
d'infanterie.

A peine a-t-il endossé l'uniforme, sa vocation de
soldat se déclare; il est pris tout entier par cet
amour de l'armée, de la vie militaire, qui fut —
avec l'amour de la France — la grande passion de
cette âme guerrière :

« Vois-tu, — confie-t-il dès 1839 à un ami, en
lui rendant compte d'exercices à feu auxquels il
vient de prendre part, — je ne le dis qu'à toi seul:
quand j'entends tonner le canon, quand mes na-
seaux s'ouvrent à l'odeur de la poudre, j'oublie
que nous jouons la comédie; une sorte de délire
s'empare de moi; il me semble que j'aurai dans les
batailles cette fièvre qui fait réussir et je reste en
extase. » Plus tard, il écrit : « On dit qu'on n'a
jamais qu'une seule passion dominante; or, moi,
j'en ai deux, la guerre et la patrie. »

En 1841, il expose à un correspondant ce qu'il se
souhaite à lui-même pour l'année qui commence.
Et voici quel est son rêve : « Avoir deux ou trois
belles affaires, soutenir une arrière-garde avec lo

____

1. Le second prix de discours français et le second prix
d'histoire.

brave 17e, crever de faim et de misère pendant quelques mois à Médéa ou à Miliana, puis revenir montrer aux Parisiens les fronts basanés de mes « enfants », et leur faire voir ce qu'ils ne connaissent plus : de vrais soldats! »

Dans une lettre de 1848, on trouve encore ce mot, qui est la plus véridique des professions de foi : « Je suis soldat avant tout! » Le duc d'Aumale aimait à dire de lui-même : « Je suis un cadet de Gascogne ». Il avait raison : c'était bien le généreux sang du lointain ancêtre, — le sang vif et chaud du Béarnais, — qui coulait dans ses veines.

On en eut la preuve dès la première affaire à laquelle il assista. C'était en Algérie, au combat de l'Affroun. Son frère aîné, le duc d'Orléans, qui commande en chef, l'envoie porter à un escadron de chasseurs l'ordre de charger. Sa mission remplie, le duc d'Aumale n'avait plus qu'à revenir sur ses pas. Mais quoi, ces chasseurs vont avoir l'honneur de charger et il les laissera charger sans lui? Non pas : on est cadet de Gascogne, ventre-saint-gris! Et le vaillant jeune homme — il avait alors dix-huit ans — s'élance en avant, galope avec l'escadron, sabre furieusement les Arabes... L'âme du roi Henri dut, ce jour-là, frémir d'allégresse et de fierté.

Le 12 mai de cette même année 1810, il prend part au combat du col de Mouzaïa et reçoit la croix, à la demande du maréchal Valée pour sa conduite dans cette chaude affaire[1].

En 1841, il est promu colonel du 17e léger, après s'être signalé de nouveau dans les combats auxquels donna lieu, en avril et en mai, le ravitaillement de Médéa et de Miliana. De retour à Paris en septembre, à la tête de son régiment, il est l'objet d'une tentative d'assassinat qui lui inspire seulement cette boutade : « On m'a salué d'un coup de pistolet à mon arrivée à Paris. Je ne m'en plains pas. On ne cherche à tuer que ceux qui en valent la peine. »

Il est beau, jeune; il ne doit qu'à lui-même sa réputation de brave entre les braves de cette admirable armée d'Afrique. Sans doute, Paris, ses séduc-

---

1. Le duc d'Aumale devait en composer une relation singulièrement pittoresque : « On fit poser les sacs, et nos admirables soldats partirent pleins de joie, bondissant comme des chèvres... On battit la marche du 23e et nos petits fantassins débouchèrent, grandis par le danger, plus droits qu'à la parade, l'œil en feu, le jarret tendu, comme s'ils allaient à la fête. Quand on arriva à la montée la plus raide, le 2e bataillon monta tout droit au milieu des broussailles; les tambours et les clairons battaient la charge et les derniers coups de feu leur servaient de basse : c'était superbe... J'assistai alors à une scène magnifique. Lamoricière, Duvivier, Changarnier arrivaient à pied, débraillés, sans col, couverts de sueur et de poussière, leurs habits criblés de balles, pêle-mêle avec des soldats de toutes armes... On échangea alors quelques paroles brèves et franches comme on en dit dans ces grandes circonstances. Ce sont de ces émotions qu'on n'oublie jamais. » (Cité par M. Georges Picot.)

tions, ses fêtes vont le retenir. Erreur : l'inaction
lui pèse. « La vie sédentaire me tue », disait-il lui-
même. Sa chère Algérie l'appelle. Il y retourne
donc, courant aux fatigues, aux périls, aux combats
comme à une partie de plaisir, — la plus recher-
chée de toutes.

Aimant la guerre pour elle-même, pour la puissante poésie qui en rachète et en pare l'horreur,
pour les vertus dont elle est le ferment, le duc
d'Aumale, en reparaissant sur le théâtre de ses
premiers faits d'armes, n'aspirait apparemment
qu'à se battre encore, qu'à user, fût-ce dans d'ob-
scures rencontres, les impatiences de son sang de
soldat. Or, à son insu, c'était la gloire qui, cette
fois, lui avait donné rendez-vous.

En 1843, la conquête de l'Algérie, non terminée
encore, rencontrait un formidable obstacle dans la
vaste insurrection fomentée par Abd-el-Kader. Chef
religieux et national, pourvu d'un prestige que
justifiaient aux yeux des Arabes sa piété, sa vaillance, son habileté sans scrupules, l'émir opposait à nos meilleurs chefs, au maréchal Bugeaud
lui-même, une stratégie qui les déconcertait, moins
encore par son audace que par la prodigieuse rapi-
dité de ses évolutions.

Avec sa Smala, — sorte de ville nomade composée de plusieurs centaines de tentes et renfer-

mant ses richesses, — il errait dans les vastes espaces du Sud, sur les confins de notre domination et du désert. D'innombrables espions le tenaient au courant de toutes les entreprises formées contre lui et lui permettaient de les déjouer. Ses pointes hardies et dévastatrices dans le Nord terrifiaient les contrées soumises à nos troupes, et l'impunité avec laquelle il les avait jusqu'alors exécutées accréditait parmi les populations musulmanes, impatientes de notre joug, l'opinion qu'il avait reçu de Dieu la mission de chasser les Français et de rendre à l'Islam l'Algérie à demi conquise.

Investi du commandement de Médéa et de Miliana, le duc d'Aumale résolut de frapper un grand coup sur ce redoutable adversaire. Au commencement de mai, des rapports lui signalent la présence de la Smala à quelques jours de marche dans le Sud. Il se jette aussitôt à sa poursuite, avec une colonne composée de trois bataillons d'infanterie, de quelques escadrons de chasseurs d'Afrique et de spahis, d'un peu d'artillerie de montagne et d'un contingent ou « goum » de 300 cavaliers arabes auxiliaires.

Avec cette petite troupe, il s'enfonce résolument dans le Sud : ce Sud mystérieux, où nos soldats à cette époque n'avaient pour ainsi dire pas encore pénétré. A qui lui demanderait quel est son plan, le duc d'Aumale répondrait sans doute qu'il n'en a pas d'autre que de chercher, d'atteindre à tout prix et de détruire la Smala. Pendant quatre jours, on marcha dans d'immenses plaines faiblement ondulées ; des champs d'alfa mouchetaient çà et là d'un peu de verdure l'aridité jaunâtre de l'espace sans bornes. A mesure qu'on avançait, le désert se faisait plus désert encore. Pas un cavalier, pas un piéton, pas un chien même : toute vie semblait reculer et fuir.

Mais on devinait que cette solitude effroyable était l'œuvre de l'homme et non de la nature seule, on se sentait épié de partout par des gens qu'on n'apercevait jamais. Chaque matin, dès qu'on se mettait en route, des guetteurs invisibles allumaient sur les monticules des feux dont la fumée bleuâtre montait dans l'air aussi droite qu'une tige de palmier, signalant à de grandes distances la direction prise par la colonne. Il fallut donner la chasse à ces allumeurs de signaux, et, pour faire un exemple, en fusiller quelques-uns qu'on avait réussi à saisir :

« Je n'ai jamais vu un homme plus navré que le duc d'Aumale lorsqu'il fut forcé de s'incliner devant cette dure nécessité de la guerre [1] », dit un de ses compagnons d'armes.

Le 15 mai, on parvint enfin à se procurer quelques renseignements, et l'on marcha toute la journée

1. *Souvenirs* du général du Barail, t. I, p. 198. La plupart des détails qui suivent, sur l'enlèvement de la Smala sont empruntés à ces intéressants *Souvenirs*.

dans la direction d'un massif montagneux, le Dje-
bel-Amour, vers lequel la présence de la Smala
avait été signalée. Le lendemain matin, au petit
jour, le duc d'Aumale prit les devants avec la cavalerie, et la colonne se trouva divisée peu à peu en
trois tronçons, éloignés de plusieurs kilomètres
les uns des autres. La chaleur était suffocante ; « le
peu de vent qui soufflait, venant du Sud, était embrasé; on marchait presque sans interruption
depuis vingt-neuf heures; hommes et chevaux
étaient éreintés. »

A huit heures, rien n'apparaissait encore. Mais
les traces, visibles sur le sol, du passage d'une
multitude de piétons et de bêtes de somme, prou-
vaient qu'on était bien sur la piste. Et, comme une
meute harassée, mais qui sent que l'hallali est
proche, la colonne marchait toujours, sans eau,
sous le soleil dévorant, dans un silence d'accablement.

Tout à coup, comme on approchait de la source
de Taguine, les cavaliers arabes auxiliaires qui
formaient l'avant-garde tournent bride, reviennent
au galop en criant : « La Smala! la Smala! » Puis
ils s'enfuient éperdument.

On s'arrête. Des officiers sont envoyés en reconnaissance. Derrière un pli de terrain, qui a caché
à l'ennemi l'approche de la colonne et qui le dérobe lui-même à la vue des nôtres, un spectacle
« grandiose et terrifiant » se découvre aux yeux du

lieutenant du Barail et de ses compagnons : hommes, femmes, enfants vaquant aux soins du campement, chevaux, chameaux, mulets errants parmi les tentes, innombrables têtes de bétail grouillent confusément, « au milieu d'une plaine légèrement creusée, où coulent les eaux de la source de Taguine, arrosant un fin gazon. » C'est la Smala !

« Il faut du canon », avaient dit en s'enfuyant les cavaliers du goum épouvantés. Le canon, l'infanterie même étaient loin. Que faire ? Le duc d'Aumale se recueille un instant. Il est le chef. Il est comptable envers la patrie de la vie de ces cinq cents braves, qui attendent ses ordres. Doit-il les lancer contre les cinq mille fusils [1] qui sont là, derrière ce mamelon?

« Monseigneur, dit le colonel Yusuf, c'est effrayant, mais il n'y a plus moyen de reculer.

— Colonel, répond le duc, je ne suis pas d'une race habituée à reculer. Vous allez charger. »

Et, rangés sur une seule ligne, les cinq cents cavaliers français et leurs chefs se précipitèrent « à fond de train, tête baissée, dans cette mer mouvante, en poussant des cris féroces et en déchargeant leurs armes... »

1. Ces chiffres, tant pour l'effectif français que pour les combattants de la Smala, sont ceux que donna le duc d'Aumale dans son rapport. Le général du Barail parle seulement de trois cent cinquante cavaliers de notre côté.

Une mêlée acharnée s'engage et tourbillonne au milieu des tentes éventrées. Bientôt, les cadavres de trois cents des meilleurs guerriers de l'émir jonchaient le sol, la Smala était prise, le prestige, la puissance d'Abd-el-Kader sortaient gravement atteints de cette désastreuse journée.

Il y a dans notre histoire militaire beaucoup de victoires plus notables que celle-là. Il n'en est pas qui porte une marque plus française que l'héroïque et furieuse chevauchée de ces cinq cents braves se ruant, sabre au poing, sur des milliers d'Arabes. Tel fut cet enlèvement fameux de la Smala, « coup d'une hardiesse admirable [1] », au témoignage du futur vainqueur de l'Alma. Et tel fut ce premier, cet unique — hélas ! — baiser dont la Gloire effleura le jeune front de ce prince, à qui de cruels événements interdirent de remplir, à l'honneur et au profit certains de la France, la destinée de grand capitaine que permettait d'augurer pour lui cet exploit.

---

1. Saint-Arnaud, dans une lettre à son frère, citée par M. Camille Rousset (*la Conquête de l'Algérie*, t. I, p. 199), écrite des lieux mêmes où le combat fut livré. Il ajoute : « Il fallait un prince jeune et ne doutant de rien pour avoir le courage de l'accomplir... La retraite étant impossible, il fallait vaincre ou périr... » Un autre bon juge, le maréchal Bugeaud, adressa au duc d'Aumale les plus chaleureuses félicitations sur l'heureuse audace de ce beau fait d'armes. (Voir *Conquête de l'Algérie*, t. I, p. 191.)

***

Quatre ans plus tard, le duc d'Aumale fut nommé gouverneur général de l'Algérie. La période la plus ardue de la conquête était alors terminée. Abd-el-Kader venait de se rendre au général de La Moricière (22 décembre 1847), succès décisif, dont le nouveau gouverneur se plut à reporter modestement tout l'honneur sur son illustre prédécesseur, le maréchal Bugeaud: « Lorsque ce grand fait s'est accompli, votre nom a été dans tous les cœurs [1]. »

Toutefois, il restait encore à soumettre le massif montagneux de la Kabylie, région âpre et difficile d'accès, occupée par des populations résolues à défendre énergiquement leur indépendance. Le duc d'Aumale se livrait avec ardeur à la préparation de cette laborieuse entreprise, lorsque la révolution du 24 février 1848 éclata.

Le roi Louis-Philippe et sa famille étaient proscrits.

Chef aimé d'une armée habituée depuis dix ans à combattre et à vaincre sous ses ordres, le duc d'Aumale aurait pu soit essayer de se constituer une royauté algérienne, soit tenter l'aventure de passer la mer avec 50 000 soldats d'élite, de soule-

____

1. Lettre du duc d'Aumale au maréchal, citée par Camille Rousset, *Conquête de l'Algérie.* t. II, p. 191

ver la province contre Paris et de restaurer le trône, renversé par la plus inattendue des révolutions. Il n'y songea même pas.

« Fidèle jusqu'au dernier moment à mes devoirs de citoyen et de soldat, écrivit-il au nouveau ministre de la Guerre, je suis resté à mon poste tant que j'ai pu y croire ma présence utile au service du pays. Soumis à la volonté nationale, demain j'aurai quitté la terre française... »

A l'armée, il adressait cet adieu : « Officiers, sous-officiers et soldats, j'avais espéré combattre encore avec vous pour la patrie... Cet honneur m'est refusé ; mais du fond de mon exil, mon cœur vous suivra partout où vous appellera la volonté nationale ; il triomphera de vos succès ; tous ses vœux seront toujours pour la gloire et le bonheur de la France. »

Aux colons, enfin, il disait : « Soumis à la volonté nationale, je m'éloigne ; mais du fond de mon exil tous mes vœux seront pour votre prospérité et pour la gloire de la France, que j'aurais voulu pouvoir servir plus longtemps ! »

Soumission à cette volonté nationale, qui venait de faire expier à sa dynastie des fautes dont il était lui-même innocent ; vœux ardents de prospérité pour cette patrie qui le rejetait de son sein : tels furent, mêlés à une tristesse immense, les seuls sentiments auxquels le duc d'Aumale ouvrit son cœur quand il lui fallut quitter cette terre d'Afrique où il avait tant fait pour planter définitivement le drapeau de la France.

Ce jour-là, qui fut un des plus beaux de cette belle vie, ses anciens professeurs — qui lui avaient enseigné, avec Lucain, l'horreur de ces guerres scélérates où les enfants d'un même pays s'entre-déchirent, avec Socrate, le respect des lois de la patrie poussé jusqu'à l'immolation de soi-même, — la virile éducatrice de sa jeunesse, l'Université, qui avait communiqué à son âme la trempe de la stoïque sagesse antique, purent être fiers de leur élève et contents de leur œuvre : car ces maîtres et ces leçons étaient pour quelque chose dans le grand exemple qu'il donnait[1].

*
* *

Et l'exil, l'horrible exil commença, plus dur pour lui que pour un autre, puisque son amour de la France lui faisait sentir plus cruellement la privation de la douce patrie, plus dur aussi, puisque ce même exil interdisait au plus actif, au plus entreprenant des hommes d'agir et de donner satisfaction aux impérieux instincts de sa vocation de soldat.

1. M. Georges Picot signale dans sa Notice, parmi les extraits que le duc d'Aumale aimait à faire de ses lectures, à Twickenham, un passage où Cicéron expose pourquoi il aima mieux partir en exil que de provoquer la guerre civile, et un autre, de Platon, dans lequel est exprimée cette idée que, contre un père et contre la patrie, la violence n'est jamais permise.

Que faire pour remplir le vide des longues heures oisives ? Récriminer, maudire, conspirer ? Attendre, souhaiter peut-être l'événement imprévu, la catastrophe qui le vengera, — dût la patrie elle-même en être atteinte, — et mettra fin à l'injuste ostracisme ?

Le duc d'Aumale laisse à d'autres des sentiments si bas. Cette patrie qui ne le connaît plus, il la connaît toujours ; il suit par la pensée, avec une émotion joyeuse, ses soldats sur les champs de bataille de Crimée et d'Italie : que n'est-il seulement avec eux ! Son cœur bondit de joie à l'écho lointain de leurs succès. L'Empire, sans doute, profite de ces triomphantes campagnes, et l'Empire a maintenu la proscription décrétée contre la famille d'Orléans par la République de 1848... Mais qu'importe, puisque la France triomphe en même temps ! Les victoires impériales sont des victoires françaises : honni soit qui ne le sent pas !

Et non seulement il aime toujours, il aime obstinément sa patrie, mais il prétend la servir encore dans son exil.

Installé de 1848 à 1870 en Angleterre, à Twickenham, il entreprend de former une riche bibliothèque, une collection de belles œuvres d'art. Ce n'est pas seulement un délicat instinct de lettré et d'artiste qui le guide. Si, dans toutes les villes de l'Europe, il recherche avidement les livres rares, les estampes, les médailles, les tableaux de maître

et les acquiert à prix d'or, c'est avec la secrète
pensée d'élever un monument à la gloire des
Lettres et de l'Art français. Proscrit, il trouvait je
ne sais quelle douceur à s'entourer d'une sorte de
France idéale, composée de ce que le génie national a produit de plus noble. Dans chacun de ces
chefs-d'œuvre, il retrouvait un peu de l'âme de la
patrie absente; quelques-uns, tel portrait de roi
ou de grand capitaine, lui parlaient du long labeur
que ses ancêtres avaient fourni pour former cette
patrie; et ces souvenirs, qui auraient dû lui faire
sentir plus vivement l'iniquité dont il était victime,
lui fournissaient seulement des raisons de chérir
davantage cette France qui l'avait chassé.

Il vivait ainsi d'une vie pleine et laborieuse, partageant son temps entre son foyer de famille, —
où la mort devait cruellement faucher, — la lecture, et les vastes recherches d'érudition exigées
par les travaux qu'il avait entrepris. Ce fut d'abord
un volume sur les Zouaves et les Chasseurs à pied
où il se plut à dresser l'historique de ces deux
corps, pour se consoler peut-être de ne plus me-
ner au feu ces vaillants compagnons d'armes des
belles années de sa jeunesse.

Puis vinrent une grande publication sur les
Princes de Condé, monument qu'il ne devait achever que dans les dernières années de sa vie, une
savante étude sur l'emplacement contesté d'Alésia
et le siège de cette ville par Jules César.

« Je travaille pour prendre patience, disait-il, mais je n'y réussis guère. »

Parfois, mû par un soudain et impérieux besoin de vie plus active, il s'échappait, partait en pèlerinage vers quelque champ de bataille fameux, refaisait sur le terrain, étape par étape, la carte à la main, telle campagne de Condé ou de Turenne, de Moreau ou de Napoléon. Et quand ses pérégrinations l'amenaient en quelque lieu voisin de la frontière interdite, il montait sur une hauteur, tâchant d'apercevoir la terre bien-aimée, remplissant de loin ses yeux et son cœur de la vue du clocher de Strasbourg, des plaines d'Alsace ou de Franche-Comté, — qu'un de ses aïeux avait données à la France, et où un gendarme l'eût pris au collet, s'il y avait pénétré. « J'ai fait, écrit-il en 1869, du dehors, hélas! le tour de la terre promise. La nostalgie me dévore. »

*
* *

Cette « terre promise », d'autres yeux que les siens l'observaient : des yeux pleins de convoitise, qui notaient avec une vigilance haineuse et patiente les points faibles de la frontière, les places qu'une trompeuse sécurité laissait insuffisamment fortifiées, les routes d'invasion conduisant vers Paris. Dès 1866, le duc d'Aumale jugeait inévitable une guerre avec la Prusse.

Plusieurs passages de sa correspondance à cette époque attestent ses prévoyantes et patriotiques inquiétudes. Le 9 août 1870, après les premières défaites, il demande en vain à reprendre du service. Après la révolution du 4 Septembre, il vint lui-même à Paris renouveler sa demande au gouvernement de la Défense nationale. La mesquine politique ne voulut voir dans cette généreuse démarche que le calcul d'un prétendant, et pour la seconde fois refusa l'épée qu'il offrait.

Qui oserait affirmer qu'elle ne nous a pas manqué à l'heure de la cruelle épreuve? Cette même politique, qui refusait l'aumône d'une division à l'ancien général de l'armée d'Afrique, venait, hélas! d'imposer Bazaine et Trochu, sous prétexte que l'opinion publique avait désigné ces deux chefs. L'héroïque maréchal Canrobert, commandant à Metz au lieu du premier, le duc d'Aumale à Paris au lieu du second; l'aventurier tortueux et le rhéteur, remplacés par des soldats de cette trempe, pendant que Gambetta prêchait en province la guerre sainte et trouvait un Chanzy pour la conduire... Ah! la douloureuse pensée, et combien les destins de la patrie peut-être eussent été modifiés!

*
* *

En février 1871, le département de l'Oise rouvrit enfin au duc d'Aumale les portes de la France, en le choisissant pour représentant à l'Assemblée nationale. « A la douleur inexprimable de retrouver la patrie vaincue, mutilée, sanglante, se mêlait la joie de la revoir, d'en respirer l'air, de pouvoir la servir[1]. » Quelques mois après, l'Académie française voulut s'associer aux réparations que le pays lui devait. Elle offrit un de ses fauteuils à ce prince qui honorait autant les lettres que l'armée. Ce fut un spectacle émouvant, quand on vit, le jour de la réception, s'avancer sous la coupole, le nouvel élu portant à son côté, au lieu de l'inoffensive épée qui fait partie du costume officiel d'académicien, son épée de général, munie de la dragonne d'ordonnance, — l'épée même qu'on l'avait empêché de tirer pour la défense de la patrie. Et quels yeux ne se mouillèrent de larmes, lorsque, dans la péroraison de son discours, il prononça avec une indicible expression de douleur et de tendresse ces paroles : « Ramasse le tronçon de ton épée brisée, pauvre France, panse tes blessures, travaille et prends courage! »

En cette même année 1873, il dut, — et pour la première fois sans doute un devoir militaire lui sembla pénible à remplir, —accepter la présidence du Conseil de guerre chargé de juger le maréchal de France dont les louches intrigues avaient

1. Discours de réception du duc d'Aumale à l'Académie française, le 3 avril 1873.

paralysé la vaillance de l'armée de Metz. Le malheureux qui d'un trait de plume avait consommé notre ruine — et qui après un tel forfait n'était pas mort de douleur et de honte! — essayait de justifier sa conduite, balbutiait des explications. « A quoi bon, disait-il, ou disait pour lui son avocat, prolonger une résistance inutile? L'armée de Mac-Mahon prisonnière, le gouvernement renversé, il ne restait plus rien... »

Alors, dans le silence tragique où le souvenir du calvaire de l'héroïque armée, livrée par son indigne chef avec ses canons, livrée avec ses aigles, étreignait mortellement les cœurs de ces soldats, une voix dit : « Il restait la France! » Tout l'auditoire frémit, comme si c'eût été de la bouche d'une Jeanne d'Arc ou d'un Bayard invisible que cette grande parole eût jailli.

C'était en effet le cri même de la conscience nationale indignée, la protestation de notre honneur militaire, de notre vieille gloire, souillés par cette infâme capitulation, que le duc d'Aumale, le bon soldat qui n'eût jamais négocié quand il fallait combattre, jetait à la face du félon. Et les fleurs de lys qu'un fer rouge marquait jadis sur l'épaule des forçats, n'étaient pas d'une plus indélébile empreinte que ce mot juste et vengeur dont la mémoire de Bazaine reste à jamais stigmatisée.

*
* *

Cette « épée brisée » de la France, il fallait la refaire. Le duc d'Aumale s'y employa avec un zèle admirable. Nommé commandant du 7e corps d'armée, il multiplie les revues, les inspections improvisées, les manœuvres, étudie minutieusement la portion de frontière dont la garde lui a été confiée. En 1873, quand il quitte après six années ce grand commandement pour devenir inspecteur général d'armée, ses troupes sont prêtes pour toutes les tâches que l'honneur ou la sécurité du pays peuvent exiger d'elles.

Ses fonctions nouvelles lui laissaient un peu de loisir. Il en profite pour travailler à une vaste et intelligente restauration de l'antique demeure des princes de Condé, le château de Chantilly. En même temps, il ajoute de nouveaux chapitres à leur histoire, il compose ce beau récit de la bataille de Rocroy, modèle de narration vibrante et précise.

C'étaient là des occupations qui apparemment ne mettaient pas en péril la sûreté de l'État. Des esprits bassement sectaires en jugèrent autrement et obtinrent en 1883 sa mise en non-activité par retrait d'emploi. Cette disgrâce même ne parut pas suffisante. On n'eut pas honte de rayer des cadres, en 1886, celui qui avec Mac-Mahon et Canrobert demeurait, au milieu des tristesses du présent, comme un vivant souvenir des gloires d'autrefois, légué par l'ancienne armée à la nouvelle.

Cette fois, la mesure était comble. On avait retiré en 1848, refusé en 1870 au duc d'Aumale un commandement sans qu'il se plaignît. C'était à son grade même, à un bien conquis par son courage qu'on s'attaquait maintenant, sans raison, sans prétexte même... L'indignation lui dicta une lettre dont l'allure un peu hautaine révélait la révolte intérieure de son cœur de gentilhomme, plus dégoûté encore par la bassesse qu'irrité par l'injustice.

Elle se terminait par ces mots :

« Et je reste le général Henri d'Orléans », qui firent passer un certain frisson dans le cœur de beaucoup de Français. Cette fière protestation déplut ; des amnistiés de la Commune la déclarèrent séditieuse ; et un nouveau décret d'expulsion en fut le châtiment.

***

Ce nouvel exil, heureusement, fut de courte durée. Admis, grâce à l'intervention de l'Institut qui venait de lui ouvrir une autre de ses sections, à rentrer en France, le duc d'Aumale se fixa en 1889 à Chantilly.

La demeure historique, habitée jadis par le grand Condé et sur laquelle planait son souvenir, était bien le cadre qui convenait à cette noble figure, où la vieillesse commençait à imprimer une majesté de plus. Il passa là ses dernières années, qui rappelèrent celles — qu'il avait si bien contées — de son héros. Mais il y avait une tache dans la vie de Condé : on en eût vainement cherché une dans la sienne. A défaut d'une gloire militaire aussi éclatante que celle du vainqueur de Rocroi, de Fribourg, de Lens et de Senef, le duc d'Aumale terminait donc sa carrière avec l'auréole plus rare d'une pureté morale immaculée.

En s'enfermant dans cette retraite, il n'entendait d'ailleurs pas rompre avec son temps, quelques raisons qu'il pût avoir de se plaindre de lui, mais rester au contraire en étroite communion avec tout ce qui rappelait à sa pensée la France telle qu'il la concevait et l'aimait. Sa bienveillance charmante attirait donc à Chantilly écrivains et savants, artistes et soldats. Pour eux, avec une complaisance que nulle curiosité ne parvenait à lasser, il ouvrait ses collections et faisait les honneurs des immenses richesses d'art qu'il avait rassemblées sous son toit.

Un jour, on apprit qu'il faisait la nation elle-même, en la personne de l'Institut de France, héritière de ces trésors; qu'en échange des décrets d'exil qu'il avait reçus d'elle, il lui donnait Chantilly, ses beaux arbres séculaires, ses bassins autour desquels Condé s'était promené et leurs jets d'eau dont le murmure avait bercé la pensée de

Bossuet... On comprit alors pourquoi, depuis son retour parmi nous, il n'avait cessé d'ajouter des chefs-d'œuvre à ceux qu'il avait rapportés de la terre d'exil : le duc d'Aumale thésaurisait pour la France. Et l'émotion profonde qui fit tressaillir le cœur du pays fut la digne, la seule récompense possible de la simple grandeur d'un tel acte.

Après l'avoir accompli, il attendit paisiblement la mort. Au printemps de 1897, il était dans un de ses domaines, à Zucco, près de Palerme. Le 4 mai, le télégraphe apporta de Paris la nouvelle d'une effroyable catastrophe. Des femmes — et parmi elles une de ses parentes — qu'une pensée de charité rassemblait ce jour-là, avaient péri en grand nombre dans les flammes. Le duc d'Aumale se sentit touché au cœur par ce deuil public et privé. Trois jours après, le 7 mai, une syncope l'emporta.

Ce n'était pas la mort telle qu'il l'avait souhaitée, telle qu'il la méritait : la belle mort du soldat sur un champ de bataille, du côté des Vosges, en un jour de victoire. A défaut de la balle ennemie qui lui fut refusée, c'est une douleur française qui le tua. Et cette mort aussi lui seyait.

***

Et maintenant que vous nous avez quittés, laissez-moi vous faire, Prince, notre confession.

Nous avons des remords, et c'est vous qui nous les inspirez. Vous étiez si simple, que nous n'avons pas su sentir assez tôt combien vous étiez grand, et de quelle hauteur vous dépassiez les petits hommes de notre temps.

Nous ne vous avons pas assez aimé — ou du moins nous vous avons aimé trop tard. Nous aurions dû vous adopter, vous qui n'étiez d'aucun parti, — pas même du vôtre ! — nous serrer tous autour de vous, comme autour du vivant palladium de la patrie. Les vils politiciens qui nous rongent auraient plié l'échine devant nous quand nous aurions été le nombre. Nous vous aurions fait alors généralissime de nos armées, président de notre république, n'importe quoi... Nous vous aurions mis très haut, de telle sorte que, se portant vers nous, les regards de l'étranger eussent rencontré d'abord votre figure, et lu dans vos yeux clairs la réconciliation loyale de l'ancienne France, à laquelle vous apparteniez par votre race, et de la nouvelle, dont vous étiez par vos idées, — l'âme vaillante et joyeuse de la nation saine, forte, libre et unie, que vous eussiez dignement représentée devant l'Europe.

Or, voyez où nous en sommes : nos assemblées vociférantes ; les égoïstes convoitises, les palinodies et les intrigues de nos partis sans foi, le mensonge de leurs promesses et le néant de leurs œuvres ; la tolérance, l'urbanité des mœurs abolies ;

l'âme généreuse de notre peuple empoisonnée par
des prédications de haine ; la défiance, la dénon-
ciation et l'injure flottant dans l'air que nous res-
pirons ; le doux et humain génie de la France réduit
à se voiler la face devant cette nation en démence
qu'il ne reconnaît plus...

Vous auriez imposé silence à ces voix hurlantes,
vous leur auriez jeté, avec une souveraine autorité,
la parole du Béarnais votre ancêtre : « Je vous
somme que vous ayez pitié de cet État[1]. »

Le pays vous aurait entendu et suivi, comme il
suivit Henri IV au temps de la Ligue, car cette parole est précisément celle qu'il attend aujourd'hui
encore, la parole de salut qui dissiperait le mortel
désarroi de la conscience nationale, et que personne, hélas ! n'est de taille à lancer de très haut à
la France, depuis que vous n'êtes plus là.

Et c'est pourquoi nous sommes inconsolables
d'avoir mis avec vous au tombeau, sans qu'elle ait
été utilisée presque par le pays, la force bienfaisante qui résidait dans le soldat sans peur, dans
le citoyen sans reproche que vous fûtes[2].

1. Manifeste de Henry de Navarre du 4 mai 1589.
2. Ces pages sont extraites du n° du 1er janvier 1899 des
Lectures pour tous.

MARCHAND

28 mai 1899.

Voici donc enfin, après la série lugubre des jours sombres, un jour pur, un jour radieux qui va se lever... Soldats et citoyens de France, préparez fraternellement des lauriers !

Accompagné des capitaines Baratier, Germain et Mangin, du lieutenant Largeau, du lieutenant de vaisseau Morin, de l'enseigne de vaisseau Dyé, de l'interprète Landeroin, du médecin Emily, de douze sous-officiers français dont je regrette de ne pouvoir citer les noms, que le pays doit connaître, et de cent cinquante tirailleurs sénégalais, le capitaine Marchand débarquait le 23 juillet 1896 à Loango.

De Loango à Brazzaville, première étape de la mission. Étape très rude, périlleuse, à travers un pays infesté par des bandes armées. Balles des fusils de traite, flèches empoisonnées et zagaies ne sont rien. Mais la mystérieuse Afrique, obstinée à garder le secret de ses lacs, de ses forêts impénétrables, de ses fleuves larges comme des bras de mer, a mis en ligne un autre et plus redoutable adversaire : la fièvre, haleine pestilentielle de ce sol, où l'on avance les pieds dans l'eau, la tête dans le feu...

Et Marchand, frappé du trait invisible — meurtrier à l'égal de la courte flèche du Boschiman — que l'Afrique lui décoche, tombe un jour... Loué soit Dieu, qui a permis qu'un tel homme se relevât : *Vivat Christus qui diligit Francos!*

***

Le 1er mars 1897, la mission quitte Brazzaville, en route vers le Haut-Oubangui. Le 10 septembre, elle arrive au confluent de la Méré, extrémité navigable, à l'Est, les eaux françaises du Congo-Oubangui-Mbomou-Bokou, à 70 kilomètres du bassin du Nil, ayant parcouru dans ces sept mois 3 330 kilomètres.

Mais l'énormité de la distance n'est rien au prix des difficultés qu'il a fallu vaincre pour la franchir. Contre l'avis de ses camarades, qui considéraient comme irréalisable une pareille entreprise, Marchand avait résolu de transporter du Mbomou dans le Bahr-el-Ghazal, c'est-à-dire du bassin du Congo dans le bassin du Nil, toute la flottille qui portait le ravitaillement de la mission.

15.

Passe encore, quand les rivières étaient navigables. Dans ce cas-là, les fleuves sont, même dans l'inhospitalière Afrique, *des chemins qui marchent*, et l'on marchait avec eux. Mais ces fleuves du continent monstrueux — *Africa portentosa*, disaient les Latins — ont d'autres allures que celles de nos rivières. Leur cours est entrecoupé de chutes, de rapides, en comparaison desquels notre fougueux Rhône lui-même n'est qu'un méchant ruisseau en colère. Dans ces rapides, tournoient d'effrayants Mælstroms inconnus, qui auraient dévoré comme de simples bouchons les canonnières démontables, *Faidherbe* et *Nil*, et la dizaine de chalands, en acier ou en aluminium, qui accompagnaient la mission. Des seuils rocheux se dressent perfidement sous la nappe largement épandue des eaux. Des bancs d'herbes flottantes en obstruent le lit sur des lieues de longueur, formant sur les deux rives d'inabordables marécages, sorte de mer des Sargasses, d'où émergent, comme des récifs à fleur d'eau, les fronts épais et stupides des hippopotames, et dans l'immensité verdoyante de laquelle l'un des dignes lieutenants de Marchand, le capitaine Baratier, faillit se perdre.

Lors donc que la rivière rebelle refusait de porter la flottille, on mettait pied à terre. Sur ce sol détrempé, à travers la végétation luxuriante et tenace de la zone intertropicale, on créait à force de bras une sorte de chemin de halage ; et, les embarcations placées sur des rouleaux de bois, on tournait l'obstacle en s'attelant à des cordages, sur lesquels on tirait comme des bêtes... Pour trans-·porter la flottille du bassin du Congo jusqu'au point où commençait la navigabilité de la première rivière appartenant au bassin du Nil, le Soueh, une route de 160 kilomètres, sur 5 mètres de largeur, dut être ouverte à travers la brousse.

Et je dis que pour chacune des gouttes de sueur que vous versâtes ainsi, ô soldats de France, une bénédiction doit jaillir du fond des cœurs des trente-huit millions d'hommes, vos frères, dont vous avez, par la surhumaine énergie de ce labeur pharaonique, à jamais glorifié la race !

Au prix d'une « lutte incessante contre l'impossible », comme l'a dit Marchand lui-même dans une de ses admirables lettres, qui, je l'espère bien, seront lues et commentées dans toutes les écoles et tous les lycées de France par nos instituteurs et par nos professeurs, la mission touchait enfin au but assigné à ses efforts, et, descendant le Bahr-el-Ghazal sur la flottille miraculeusement amenée du Congo, elle arrivait le 10 juillet 1898 au Nil.

On sait le reste : l'établissement de l'héroïque petite troupe à Fachoda ; l'attaque repoussée de plusieurs milliers de Derviches (24 août) ; la surprise

irritée de l'Angleterre en apprenant que notre drapeau flottait sur la grande voie fluviale de péné-
tration qu'elle s'était réservée ; l'arrivée du sirdar
Kitchener à Fachoda ; son entrevue avec Marchand ;
les négociations laborieuses entre Paris et Londres,
au cours desquelles M. Delcassé a conquis, par la
prudente et ferme dignité de son attitude, un titre
à la reconnaissance durable du pays ; l'évacuation,
l'inévitable mais douloureux dénouement qui fit
saigner nos cœurs, beaucoup moins sans doute
que ceux des compagnons de Marchand et de leur
chef ; le retour par le Sobat et l'Abyssinie, enfin,
dernière étape de ce prodigieux voyage, tristement sans doute, mais comme les autres, heureusement accomplie...

*
* *

Et voilà, résumé dans une relation dont la sèche
brièveté laisse nécessairement échapper mille
traits dignes d'admiration, voilà ce qu'ont fait ces
soldats héroïques.

De l'Atlantique à la mer Rouge, ils ont promené
superbement la vaillance de notre race. Selon la
belle parole qu'un autre illustre explorateur, M. de
Brazza, adressait à l'un des émules du commandant
Marchand, à M. Liotard, ils ont montré que « s'il
est des bornes à l'énergie physique, l'énergie morale ne paraît pas en avoir pour des hommes tels
qu'eux ».

Ils ont, en matière d'indomptable volonté, donné la plus éloquente « leçon de choses » qui puisse être proposée comme exemple à nos enfants. Et bien des générations sans doute succéderont à la nôtre, avant que d'autres Français accomplissent une prouesse nouvelle, égale à la leur.

Ce qui mit dans leurs cœurs cette endurance plus forte que toutes les épreuves, ce courage stoïque, invincible aux déceptions, aux privations, aux souffrances, à la maladie, à la mort quotidiennement affrontée pendant trois ans face à face, nous le savons, grâce à Marchand lui-même.

« Malgré tout, écrivait-il dans une lettre où il annonçait l'entrée de la mission dans le bassin du Bahr-el-Ghazal, quelque obstacle nouveau qui se dresse sur notre route, nous triompherons : il le faut pour la grandeur de la Patrie. »

L'amour de la Patrie : telle a donc été la force secrète qui ravitaillait inépuisablement d'énergie leurs âmes, durant la longue et merveilleuse aventure de ce voyage. La Patrie absente et lointaine, ils la voyaient flotter aux plis du drapeau qu'ils avaient emporté ; ils la retrouvaient dans les sonneries joyeuses du clairon par lesquelles ils s'appelaient dans la morne solitude, ou s'annonçaient les uns aux autres leur retour au camp, après les périlleuses explorations poussées dans les profondeurs mystérieuses de la terre inconnue... Leur cœur, alors, ce cœur qui restait calme aux plus tragiques minutes, battait plus vite, un sang moins anémié semblait réconforter soudain leurs membres épuisés. Ils songeaient à la France qui leur avait donné une tâche à remplir, à cette grande famille, l'armée, à laquelle ils appartenaient tous et dont ils sentaient bien que le splendide patrimoine d'honneur allait être enrichi par la réussite d'une si grandiose entreprise... Qu'on mette aux Invalides, à côté de nos plus glorieuses reliques militaires, ce clairon qui sonna sur l'effrayant marécage du Bahr-el-Ghazal, ce drapeau qui traversa l'Afrique et flotta un instant sur Fachoda!...

Il n'y a pas de champ d'honneur plus beau ni dont la France doive être plus fière, que celui d'où ils viennent, rapportés par de tels hommes!

Et pourtant, tel est le déchaînement des passions dans notre malheureux pays, que d'abominables paroles ont été prononcées récemment sur celui qui fut l'âme de cette magnifique expédition.

Je sais bien que d'imprudents et maladroits amis avaient tout fait pour compromettre le commandant Marchand. Cette gloire si pure et si belle, des politiciens avisés s'étaient dit qu'il ne fallait pas la laisser à la France, mais la confisquer et l'exploiter sans vergogne au profit d'un parti.

On ne peut trop sévèrement blâmer les calculs égoïstes et mesquins auxquels le retour de Marchand a donné naissance et les sournoises tentatives d'embauchage auxquelles n'ont peut-être pas encore tout à fait renoncé à se livrer sur le glorieux Africain les profonds politiques qui, depuis dix ans, demandent sans se lasser à sœur Anne si du haut de sa tourelle on ne voit point paraître à l'horizon quelque nouveau cheval noir.

Mais, si regrettables que soient ces petites intrigues, passablement ridicules d'ailleurs, que dire de ceux qui en ont pris texte pour se déchaîner, avec une sorte de fureur sauvage, contre le commandant Marchand?

Quoi ! vous êtes Français, vous avez la prétention d'aimer votre pays, vous l'aimez, je veux le croire, à votre façon, et vous n'hésitez pas à traiter ainsi celui peut-être de ses enfants dont la France, à la triste heure où nous sommes, a le droit d'être le plus fière, et d'une fierté jusqu'à présent sans réserve ! Quoi ! vous ne comprenez pas le réconfort bienfaisant qu'apporte au pauvre peuple désenchanté, doutant de lui-même, que nous sommes devenus, cette éclatante démonstration, fournie par Marchand et sa troupe, de la persistance des antiques vertus de notre race ! Vous ne comprenez pas l'inestimable prix du geste superbe que peut faire la France, rien qu'en montrant du doigt ce chef et ses intrépides compagnons à ceux qui vont disant qu'elle a dégénéré !

Ah ! malheureux, malheureux, qui ne sentez pas que ces revenants de la profonde Afrique nous rapportent le premier rayon de joie et d'espérance qui depuis de longs mois ait lui dans notre ciel lugubre ! Français égarés, Français impies, rentrez en vous-mêmes, et reconnaissez que pas un de nous, à quelque parti qu'il appartienne, ne pouvait, sans commettre une sorte de crime envers la Patrie, prononcer le blasphème que vos lèvres coupables ont osé proférer !

Vous étiez les défenseurs d'une très noble cause. Vous aviez ravi à vos adversaires — qui s'en repentiront un jour — l'honneur de combattre pour la vérité et pour la justice, pour la bonne renommée de notre France. Quel mal n'avez-vous pas fait, ne faites-vous pas chaque jour encore à cette cause, en mêlant d'aigres souffles de haine à la généreuse parole que la France eût bien mieux écoutée et comprise, si rien d'étranger au pur amour de la justice n'y avait été méchamment introduit par vous !

Quelle faute n'avez-vous pas commise, en sommant brutalement ce peuple éperdu de choisir entre la grande cause que vous plaidiez auprès de lui et la cause — sacrée elle aussi — de son armée, fille chérie de ses entrailles ! Et quel rude labeur va être celui des hommes, — j'en connais, — qui n'attendent que le triomphe ardemment souhaité de la justice, pour travailler, de toutes les forces d'un cœur profondément ému des maux de la Patrie, à réparer les funestes effets du divorce que la dure obstination des adversaires acharnés de cette même justice, d'une part, et, de l'autre, la fureur de vos détestables prédications, ont provoqué entre les deux moitiés, — ennemies, hélas ! — de la nation !

.*.

Et vous, mon commandant, vous, qui dans notre deuil amer nous consolez un peu de choses très tristes dont je ne veux pas assombrir en vous les révélant, si vous avez le bonheur de les ignorer, l'allégresse de votre retour triomphal ; vous, qui fûtes si puissamment aidé dans l'accomplissement de votre immortelle prouesse par les mâles vertus du soldat qui fortifiaient votre cœur ; vous, qui êtes pour nous la pure incarnation de l'honneur militaire tel que nous le concevons, c'est-à-dire immaculé, de l'armée, telle que nous la respectons et que nous l'aimons, c'est-à-dire uniquement appliquée aux très hautes et très nobles besognes qu'exige le service de la Patrie ; vous, qui avez sans doute en vous l'étoffe d'un grand soldat, montrez-nous que vous avez aussi celle — qui n'est pas d'un prix moindre, — l'étoffe d'un grand citoyen !

Écartez de vous les démons tentateurs. Deman dez-leur ce qu'ils ont fait du faible aventurier aux yeux bleus qu'ils avaient séduit, comme ils vont essayer sans doute de vous séduire. Dites-leur que vous êtes un soldat et que l'honneur de l'être vous suffit.

S'ils insistent, ajoutez qu'un soldat, — exception faite du moment où il brave la mort sur le champ de bataille, — n'est jamais aussi beau que lorsqu'en défilant dans les cérémonies publiques devant le chef et les représentants de la nation, il dessine le noble salut de l'épée, le grand geste large de la Force s'inclinant devant la Loi, sa nécessaire souveraine.

Moyennant quoi, je vous certifie qu'un supplément appréciable d'honneur rehaussera encore l'éclat de votre nom — que vos exploits ont rendu si glorieux et si cher à la Patrie.

APPENDICE

APPENDICE

A *M. le Général*
Commandant l'École Polytechnique.

Paris, 21 avril 1899.

Mon Général,

M. le Capitaine de service a dû vous rendre compte
d'un incident qui s'est produit, ce soir, au début de
mon cours.

Que les élèves d'une École qui comptait au nombre
de ses plus honorables traditions le respect de la liberté
morale d'autrui manifestent la prétention d'interdire à
un de leurs professeurs d'exprimer, en dehors de son
enseignement, ses opinions d'homme privé et de citoyen
libre, — lesquelles ne sont justiciables que de sa conscience, — c'est là, en vérité, un acte d'intolérance
dont la brutalité me confond.

Mais l'objet de cette lettre n'est, ni de protester contre
cette manifestation, ni d'affirmer un droit qui ne saurait
être contesté par personne.

Je viens tout simplement plaider auprès de vous la
cause de mes élèves. Veuillez considérer que le pays

tout entier à la fièvre. Ces jeunes gens n'ont pu échapper à la contagion que nous subissons tous plus ou moins. Sans doute, en me traitant comme un ennemi de l'armée, ils se sont montrés cruellement injustes envers un homme qui depuis vingt ans qu'il écrit ou qu'il parle n'a jamais cessé d'affirmer les sentiments d'amour et de respect que cette armée lui inspire. Mais je suis convaincu que cette injustice a son excuse dans l'ardeur de sentiments très généreux. Je vous demande donc, mon Général, de laisser de côté dans la circonstance présente les sévérités du règlement. Je fais plus que de vous le demander : je vous en prie très instamment. J'ose croire que l'École sait que j'ai tâché depuis sept ans de rendre quelques services dans mon enseignement : je me considérerais comme largement récompensé par elle, si vous vouliez bien m'accorder que l'incident n'ait pas d'autre sanction qu'un mot de réprimande adressé à ces jeunes gens.

Je vous prie de vouloir bien agréer, mon Général, l'expression de mes sentiments les plus respectueux.

GEORGE DURUY.

A M. le Major de la 1re Division
École Polytechnique.

25 avril 1899.

MONSIEUR,

Dans la crainte d'aggraver pour vos camarades les suites de l'incident d'hier, je me suis imposé la contrainte de ne répondre à la manifestation dont j'étais l'objet que par un simple mot, destiné à vous faire comprendre le sentiment auquel j'obéissais en me taisant. Mais vous pensez bien que je ne suis pas disposé à supporter une pareille offense sans la relever.

Je voudrais bien savoir où ceux d'entre vous qui m'ont traité comme ils l'ont fait prennent le droit de s'ériger en juges de mes opinions d'homme privé ? Que je relève de votre critique en tant que professeur ; que vous ayez le droit de discuter, comme je vous l'ai si souvent recommandé et même de rejeter absolument les idées que je vous apporte dans mon enseignement, je ne fais aucune difficulté à l'admettre. Je reconnais même que vous auriez le droit de vous plaindre s'il m'était jamais arrivé de glisser dans mes leçons la plus légère allusion à la question qui divise si tristement notre pays. Mais là s'arrête votre droit. Et le mien, qui est de dire publiquement — non plus comme professeur mais comme libre citoyen — tout ce qu'il me convient de penser a été hier odieusement violé.

J'appelle la plus sérieuse attention de vos camarades sur cette vérité si simple. Je m'adresse aussi à leur esprit de justice. Je les prie d'interroger leur conscience. J'aime à croire qu'elle leur répondra qu'ils ont mal agi en traitant comme ennemi de l'armée un homme qui depuis vingt ans qu'il parle ou qu'il écrit n'a jamais cessé d'affirmer les sentiments de respect et d'amour que cette armée lui inspire. Que les élèves d'une École, qui rangeait au nombre de ses plus chères traditions le respect de la liberté morale d'autrui, en soient venus à ce degré d'intolérance que l'incident d'hier m'a révélé, c'est là un fait qui m'afflige beaucoup plus qu'il ne m'irrite. J'en prendrais encore mon parti, comme d'un des signes — hélas! trop nombreux, — du trouble funeste qui règne présentement dans les esprits, si je ne songeais avec effroi aux conséquences que peut entraîner pour quelques-uns d'entre vous l'acte auquel vous vous êtes laissé si follement entraîner. Puissé-je avoir le bonheur de réussir à les leur épargner !

Recevez, Monsieur, pour vous et pour vos camarades l'assurance d'un dévouement attristé, mais assez profond en même temps, pour qu'aucun mauvais procédé, de la part de ceux qui en sont l'objet, ne puisse parvenir à le décourager.

GEORGE DURUY.

A M. le Directeur du Temps.

Paris, 30 avril.

MONSIEUR LE DIRECTEUR,

Certains journaux donnent de l'incident qui s'est produit récemment à l'École polytechnique une version erronée qui l'aggrave. Ce même intérêt de mes élèves, que j'invoquais, hier, comme explication de mon silence, m'oblige aujourd'hui à parler.

Il est exact que j'ai été l'objet d'une manifestation hostile, conseillée depuis plusieurs semaines à ces jeunes gens par un journal, au nom de l'honneur de l'armée — et, je pense, de la discipline militaire.

Il ne l'est pas que cette manifestation ait été provoquée par « *des paroles favorables à la revision* », que j'aurais prononcées. Mes opinions — qui sont, je ne m'en cache pas, très nettement revisionnistes — sont chose absolument distincte de mon enseignement et n'y ont jamais pénétré. La manifestation, d'ailleurs, s'est produite dès mon entrée, avant que j'eusse prononcé une seule parole.

Il n'est pas vrai que mes élèves, « *indignés de ce qu'ils venaient d'entendre* », aient quitté le cours en vociférant

des injures contre moi. Les meneurs, une trentaine —
dont il me parait inutile d'indiquer la provenance — ont
daigné se contenter de réclamer, au début, ma démission. La beauté de cet acte se suffit à elle-même. Si la
presse nationaliste exige davantage, c'est qu'elle est
vraiment bien difficile à satisfaire.

Enfin, il est faux que je me sois « *réfugié chez le général pour m'éviter des représailles de la part de mes élèves* ».
On n'assomme pas encore les professeurs à l'École
polytechnique. La vérité est que l'ordre ayant été très
promptement rétabli par une énergique intervention du
capitaine de service, j'ai fait ma leçon comme si rien
ne s'était passé. J'ai dit, au milieu d'un profond silence,
tout ce que j'avais à dire, y compris — à la fin — quelques mots très simples, mais fermes, sur le procédé
dont on venait d'user envers moi.

J'ose espérer que les gens qui me connaissent m'ont
fait l'honneur de deviner qu'un pareil incident, s'il
était de nature à m'affliger, en raison de la brutale
intolérance qu'il révèle, avait dû être tout à fait impuissant à m'émouvoir.

Un journal, que le souvenir de Norton devrait rendre
prudent dans ses affirmations, ne prétendait pas moins
hier soir, qu' « un polytechnicien » lui avait déclaré
que M. Victor (*sic*) Duruy « *était parti sous les huées et
même avec une certaine précipitation* ». Si ce « polytechnicien » existe — ce dont, pour l'honneur de mon École,
je veux douter — j'ai le regret d'être obligé de déclarer
qu'il ment effrontément.

Telle est la vérité sur cet incident, regrettable sans
doute, mais beaucoup moins grave que ne l'ont prétendu les journaux qui ont si étrangement sacrifié
l'intérêt des élèves de l'École polytechnique, en présentant leur conduite comme beaucoup plus répréhen-
sible encore qu'elle n'a été. Mais ne fallait-il pas avant

tout profiter de la circonstance pour essayer d'atteindre et de frapper l'écrivain profondément dévoué à l'armée, qu'il respecte et qu'il aime, — mais qui, précisément parce qu'il se fait de l'honneur de cette armée une idée très haute, — refuse obstinément de faire fonction de desservant dans la chapelle où l'on célèbre un culte à la mémoire du colonel Henry?

Peu m'importe, d'ailleurs, ces perfides mensonges ajoutés à l'océan de ceux sous lesquels on submerge la France. J'aime assez la vérité et la justice pour trouver doux d'avoir à pâtir un peu pour elles.

Veuillez agréer, etc.

GEORGE DURUY,
Professeur d'histoire et de littérature
à l'École polytechnique.

Chez M. George Duruy.
(*Figaro* du 2 mai 1899.)

A l'occasion du récent incident de l'École polytechnique, un de nos rédacteurs s'est rendu chez M. George Duruy pour lui poser quelques questions.

— Est-il vrai que la manifestation dirigée contre vous va faire l'objet d'une question au ministre de la Guerre?

— J'espère bien qu'on va laisser l'École régler tranquillement — et paternellement — cette petite affaire en famille. Certains journaux ont déjà fait tout ce qu'ils ont pu pour compromettre mes élèves, en présentant de l'incident la relation amplifiée et mensongère que j'ai dû rectifier. Je suppose que les hommes politiques seront assez raisonnables pour ne pas imiter ces journaux.

— Que pensez-vous de la suspension de votre cours?

— J'en pense que la mesure a été prise par le ministre dans la plénitude de son droit et que je n'ai par conséquent pas à discuter cette mesure. Je m'incline... Personnellement, elle m'est désagréable, attendu qu'elle me met dans une position fausse. J'ai l'air d'avoir reçu de mes chefs un blâme, qui ne m'a pas été infligé et qui ne pouvait pas l'être.

« En exprimant comme je l'ai fait, en dehors de mon enseignement, mon opinion sur une affaire qui touche aux plus essentiels intérêts de mon pays, je n'ai fait qu'user du droit de tout citoyen d'un pays libre.

« Certains objectent à cela : Mais vous appartenez à une École militaire et il aurait donc mieux valu vous taire...

« Ah! vraiment, parce qu'on appartient à une École militaire, on n'a plus le droit de frémir d'indignation et de douleur à la vue des canailleries que des officiers eux-mêmes, comme le capitaine Cuignet, par exemple, nous révèlent! On n'a pas le droit de protester, au nom même de l'honneur de l'armée, contre de pareilles infamies! Il faut supporter paisiblement cette effroyable honte!... Jamais! jamais!

« Il faut que le pays, abominablement trompé, sache qu'il y a encore des consciences que ces turpitudes soulèvent... Et s'il n'y en avait plus, de ces consciences-là, ce serait signe que la France est morte.

— Vous avez dit, dans la lettre que le *Figaro* a reproduite avant-hier, que la manifestation avait été conseillée par un journal...

— Oui, et le plus beau de l'affaire est que le journal en question, qui déclarait à mes élèves que « *le silence devenait une trahison* », a pour principal rédacteur un homme à qui le rôle qu'il a joué au temps de la

Commune a valu d'aller faire un tour à la Nouvelle-Calédonie.

« Voilà donc où nous en sommes. Un gaillard qui, en 1871, encourageait les fédérés à canarder nos soldats — parmi lesquels combattait un de mes frères, décoré de la médaille militaire pour sa conduite à Wissembourg et revenu de captivité pour s'engager dans les tirailleurs de Seine-et-Oise contre la Commune, — ce gaillard-là, devenu défenseur officiel de « l'honneur de l'armée », excite à la rébellion contre un de leurs professeurs de jeunes soldats, officiers demain... Et mes élèves, qui savent que mon enseignement n'est qu'un long cri d'amour pour la France, qui savent que je ne leur ai parlé de cette armée, que j'ai tant de raisons pour aimer! qu'avec tendresse, qu'avec piété, mes élèves ont écouté les conseils de cet homme!

« Quelle douleur de vivre en un pareil temps, de voir que les misérables imposteurs, les débitants de patriotisme pour camelots qui sont aujourd'hui les directeurs de conscience d'une partie de la nation, ont empoisonné jusqu'à l'âme généreuse de notre jeunesse!... Mais soyez tranquille : je vous jure bien que nous la leur reprendrons!... C'est la tâche de demain. Et nous nous y préparons, comme à une œuvre de salut public pour la patrie!

— Vous avez indiqué dans votre lettre que les promoteurs de la manifestation étaient des élèves de la rue des Postes.

— Je n'ai fait que répéter ce qui avait été dit deux jours auparavant dans le *Radical*. L'information du *Radical* avait un caractère de précision qui — ne fût-ce que par certains mots d'argot polytechnicien employés — prouvait qu'elle était indubitablement de source polytechnicienne.

« Mes infor...mations personnelles confirmaient absolument ce renseignement. Et malgré cela, j'estime aujourd'hui que j'ai eu tort de céder à ce premier mouvement d'humeur contre la rue des Postes... Le libéral impénitent, que ces jeunes fous n'ont pas encore désabusé tout à fait de sa chimère de tolérance, ne connaît, ne connaîtra jamais ni « postards », ni libres penseurs, ni protestants, ni juifs parmi ses élèves.

« Je n'ai jamais vu en eux que de jeunes Français, que la Patrie m'a confiés, avec la mission de donner par mon enseignement une forte trempe d'honneur, de vaillance, d'abnégation, de patriotisme éclairé à leurs âmes...

« J'y travaille de mon mieux, et depuis sept ans je me suis voué tout entier à cette tâche si belle. Pour eux, j'avais tout abandonné, travaux commencés, carrière et ambitions littéraires... Trois jours avant l'incident, au moment d'aborder la Réforme, je disais à leurs camarades de l'autre division que je m'excusais d'avance auprès d'eux si j'avais le malheur de froisser, sans le vouloir, une seule de leurs consciences en traitant, comme je me proposais de le faire, avec une entière indépendance, mais avec la plus attentive modération, des sujets toujours brûlants, tels que Luther et Calvin, Ignace de Loyola, la Saint-Barthélemy... Car tel est mon stupide amour de la tolérance.

« Cela se passait le vendredi. Et le lundi, j'étais hué, dans cette même école — si libérale autrefois, — parce que de graves doutes se sont élevés dans ma conscience sur la culpabilité de Dreyfus, ancien polytechnicien, et parce que j'ai osé exprimer publiquement ces doutes, non pas devant eux, mais dans un journal! Peut-on concevoir une plus brutale, une plus révoltante injustice que celle-là, de la part d'élèves à l'égard de leur professeur? Et voilà ce que les enseignements de la presse nationaliste ont fait d'eux... Je vous dis que c'est à pleurer de douleur!

— Savez-vous quand votre cours reprendra ?

—Je l'ignore. Il est suspendu « jusqu'à nouvel ordre ». Et comme je vous le disais tout à l'heure, je m'incline devant la décision de mon ministre, sans vouloir même lui présenter les respectueuses observations que j'ai soumises à cet égard à un autre de mes chefs...

« La seule chose que je puisse vous dire, c'est que je suis inconsolable de ne pouvoir achever ce que j'avais commencé dans la division qui a manifesté contre moi.

— Quoi donc?

— Une série de leçons sur l'Alsace. C'est un viatique que je donne tous les deux ans, à peu près, à mes élèves, au moment où ils vont quitter l'École pour devenir officiers...

« Je tiens à ce qu'ils sachent comment ce coin de terre sacré fut réuni à la France, ce que fut pour l'Alsace la domination française, les raisons profondes qui ont soudé l'âme alsacienne à la nôtre, comment l'œuvre d'iniquité et de violence fut accomplie en 1871, — ce qu'a été, enfin, la domination allemande dans ce même pays, depuis 1871, jusqu'à l'heure présente...

« Ne pas achever ces leçons-là, ne pas pouvoir mettre dans leurs cantines ce titre impérissable de la France sur le morceau de la patrie qu'on nous a pris, — c'est dur !

« L'autre jour, quand ils m'ont accueilli avec des hurlements, je venais — et ils le savaient, hélas ! — leur parler de la réunion de Strasbourg à la France par Louis XIV, combattre la thèse allemande qui présente cette réunion comme entachée de fraude et de violence...

« Et je puis bien vous le dire : j'arrivais dans l'état

d'esprit d'un prêtre qui va traiter quelque point de dogme essentiel... Je n'étais inquiet que d'une seule chose : c'était de savoir si je serais digne d'être devant ces jeunes soldats l'avocat de la France, si la foi profonde qui m'animait passerait dans ma parole et lui communiquerait la vertu de donner à ces jeunes gens l'envie de mourir pour cette cause — comme je serais prêt moi-même à mourir pour elle, s'il le fallait...

« Et ils m'ont crié : *Démission!* parce que l'ancien Père Duchesne de 1871 m'a dénoncé à eux comme un insulteur de l'armée — de cette armée dont il n'est pas un des miens qui n'ait porté l'uniforme pendant la guerre, — depuis le vieux père qui avait passé soixante ans, jusqu'au plus jeune fils qui en avait dix-sept à peine... Ah! quelle blessure m'ont faite ces ingrats! Qu'on achève ce qu'ils ont commencé : qu'on me révoque — et qu'on donne ma chaire à Millevoye!

COMITÉ CATHOLIQUE
POUR LA
DÉFENSE DU DROIT

Paris, le 4 mai 1899.

*Le Comité catholique pour la défense du Droit
à M. George Duruy.*

Un témoin porte devant la justice le témoignage que lui dicte sa conscience. Il est frappé.

Un citoyen défend la vérité dans un journal. Ce citoyen est professeur à l'École polytechnique. Il est frappé.

Ainsi, la première école militaire de France aura été touchée deux fois en un an : une première fois en la personne de Grimaux, une seconde fois en la vôtre. Votre cours est suspendu, Monsieur. La discipline militaire est suspendue avec votre cours. Mais si vos élèves perdent quelques leçons, la France entière ne perdra pas la grande leçon d'honnêteté et de patriotisme que vous venez de lui donner.

Pour le Comité:

Les membres présents à Paris.

AUVRARD, ancien officier de cavalerie; ARMAND BRETTE; J. CHAUVIN; HERVÉ DE KÉROHANT; LEROY-DUPRÉ; CAMILLE PINTA; J. QUINCAMPOIX; PAUL VIOLLET, de l'Institut.

CHAMBRE DES DÉPUTÉS

Séance du vendredi 5 mai [1].

Question adressée à M. le ministre de la Guerre.

M. LE PRÉSIDENT. — La parole est à M. Gouzy pour adresser une question à M. le ministre de la Guerre, qui l'accepte.

M. PAUL GOUZY. — Messieurs, M. le ministre de la Guerre a bien voulu accepter une question relative à la suspension du cours de littérature à l'École polytechnique, question que plusieurs de nos amis m'ont chargé de lui poser.

Vous connaissez les faits. Au moment où M. George Duruy pénétrait dans l'amphithéâtre de l'École, une quarantaine d'élèves environ...

1. Compte rendu *in extenso*, d'après le *Journal officiel* du 6 mai 1899.

M. PASCHAL GROUSSET. — Les jésuites!

M. PAUL GOUZY. — ...trente-cinq ou quarante, ont poussé des vociférations et ont demandé la démission du professeur. Le capitaine de service, comme c'était son devoir, leur a imposé silence; ils ont obéi; alors la leçon s'est faite et a été écoutée comme à l'ordinaire.

Comment se fait-il qu'un événement qui semblait ne pas devoir sortir de l'école en ait franchi les murs, qu'il ait fait le tour de la presse, qu'il ait été raconté dans tous les journaux et dénaturé dans un grand nombre? (*Très bien! très bien! à gauche.*)

C'est parce que le gouvernement, qui aurait dû s'en désintéresser, qui aurait dû presque l'ignorer et le laisser régler en famille entre les élèves et le général commandant l'école, par quelques jours de consigne ou même simplement par une réprimande...

M. PÉRILLIER. — Adressée aux élèves.

M. PAUL GOUZY. — ... a cru devoir évoquer l'affaire. Obéissant à je ne sais quels conseils — car depuis quelque temps le gouvernement prend souvent des conseils du dehors et il les suit, surtout quand ils sont mauvais... (*Applaudissements à gauche.*)

M. DE BAUDRY D'ASSON. — C'est une insulte au gouvernement! Pour ma part, je n'accepte pas cela. (*On rit.*)

M. PAUL GOUZY. — Je ne m'attendais pas à trouver l'honorable M. de Baudry d'Asson devenu tout à coup si gouvernemental; j'en prends acte. (*Nouveaux rires.*)

Le gouvernement, disais-je, a évoqué l'affaire et, contre toute attente, il a cru devoir sévir. Contre qui? Contre les coupables? S'il l'avait fait et s'il avait agi un peu trop sévèrement, moi, ancien polytechnicien, je ne l'aurais pas approuvé; j'aurais été le premier à prêcher l'indulgence.

Mais M. le ministre de la Guerre a cru devoir prendre un rôle plus original. Ayant devant lui deux parties :

d'une part, un professeur absolument irréprochable, de l'autre, des élèves qui avaient commis une faute dont je ne veux certes pas exagérer la gravité, mais enfin, une faute, il a frappé qui? le professeur.

Je sais bien que M. le ministre de la Guerre s'en défend; il m'a dit avant-hier, dans son cabinet, qu'il n'avait pas frappé le professeur; il m'a même expliqué qu'il n'avait pas suspendu le professeur: il a seulement suspendu le cours du professeur. (*Rires ironiques à gauche.*)

Malgré les qualités de clarté que nous connaissons tous à l'honorable M. de Freycinet, je dois dire que, depuis avant-hier, j'ai eu beau me prendre la tête à deux mains pour comprendre ce subtil *distinguo*, je n'y suis pas parvenu. (*Applaudissements à gauche.*)

Pour moi et pour tous ceux qui parlent cette langue française si claire et si franche, suspendre un cours jusqu'à nouvel ordre, c'est-à-dire décider que, jusqu'à nouvel ordre, un professeur n'aura pas le droit de faire ce cours, cela s'appelle suspendre le professeur.

A l'extrême gauche. — Parfaitement!

M. Paul Gouzy. — C'est d'ailleurs l'avis du professeur lui-même, car, interrogé sur la mesure dont il était l'objet, voici ce qu'il a déclaré dans une *interview* :

« J'en pense qu'elle a été prise par le ministre dans la plénitude de son droit, et que je n'ai par conséquent pas à discuter cette mesure. Je m'incline. Personnellement, elle m'est désagréable... »

Monsieur le ministre de la Guerre, c'est déjà trop qu'elle lui soit désagréable, puisqu'il n'avait rien fait.

« ...attendu qu'elle me met dans une position fausse. J'ai l'air d'avoir reçu de mes chefs un blâme... » — Vous allez retrouver ici le *distinguo* dont je parlais tout à l'heure. — « ...J'ai l'air d'avoir reçu un blâme qui ne m'a pas été infligé et qui ne pouvait pas l'être. »

Assurément, un blâme ne lui a pas été infligé, du moins explicitement; mais comme il paraissait, pour me servir de ses propres mots, l'avoir reçu, j'ai voulu, avant de poser la question à M. le ministre de la Guerre, rechercher si, dans les articles qu'avait publiés M. George Duruy, je ne trouverais pas ou quelque violence de langage, ou quelque théorie antipatriotique, ou quelque insulte à l'armée qui pourrait, je ne dis pas excuser l'acte d'indiscipline des jeunes polytechniciens, — des soldats qui seront demain officiers ne sont jamais excusables de violer la discipline... (*Très bien! très bien! à gauche.*)

M. MORINAUD. — Les polytechniciens ont de tout temps prouvé leur amour de la liberté. (*Bruit à gauche.*)

M. PAUL GOUZY. — ...mais qui, du moins, faute de pouvoir l'excuser, l'expliquerait.

J'ai donc lu attentivement tous les articles que, dans la plénitude de son droit de citoyen, en dehors de son cours, M. George Duruy avait publiés.

Des violences de langage, je n'en ai pas trouvé. Le mot, non pas le plus violent, mais le plus vif, — si même cette épithète n'est pas trop forte, — c'est celui de « pandour »; et il est appliqué à qui? à Esterhazy. Je crois qu'il faudrait être pourvu d'une dose singulière de pruderie pour s'en offusquer (*Rires à l'extrême gauche*), et je ne suppose pas que ce soit pour une telle épithète appliquée à un tel homme, Monsieur le ministre de la Guerre, que vous avez suspendu le cours du professeur.

Serait-ce pour des théories antipatriotiques? Écoutez comment M. Duruy parle de la patrie :

« J'avais à parler devant un auditoire militaire. Le sujet de ma conférence était l'idée de patrie. A des gens dont la fonction propre est de se faire casser la tête pour la patrie, il faut rappeler souvent les raisons pour lesquelles cette patrie mérite en effet qu'on meure — et joyeusement — pour elle.

« Je disais donc que le sol de notre douce France est une chose sacrée, parce que ceux de qui nous venons ont prodigieusement peiné sur lui, afin d'en rassembler et unir pour nous les parties. Ces efforts et ce sang qu'il a coûté, et qui le sanctifient, nous les lui devons à notre tour, et nos enfants les lui devront après nous éternellement. Chaîne mystique qui, à travers les âges, relie les unes aux autres les générations de notre race et en assure la durée. (*Très bien! très bien! à gauche.*)

« Je parlais de ce grand morceau qu'on nous en a pris il y a vingt-huit ans, de cette entaille cruellement faite dans notre chair vive, de la souffrance que nous devons en garder à jamais. » (*Applaudissements.*)

Ce n'est pas encore, je suppose, pour cet article, Monsieur le ministre de la Guerre, que vous avez suspendu le cours de M. Duruy?

M. DE FREYCINET, *ministre de la Guerre.* — Non, puisqu'il est postérieur à la suspension. (*Rires et applaudissements au centre.*)

M. PAUL GOUZY. — Monsieur le ministre, j'ai le regret de ne pas être de votre avis; l'article est du 3 mars et la suspension est de ces derniers jours. Donc l'article n'a pas été fait après la suspension. (*Très bien! très bien! à gauche.*)

Je ne suppose pas non plus que ce soit pour le premier livre qu'a fait M. George Duruy, lequel est actuellement dans toutes nos écoles primaires et qui a pour titre : *Pour la France*, et pour sous-titre : *Patriotisme et Esprit militaire.*

Serait-ce donc pour des injures à l'armée? M. George Duruy parle souvent de l'armée; il en parle, je ne dirai pas avec respect, ce ne serait pas assez, mais avec vénération et souvent avec enthousiasme.

M. DE BAUDRY D'ASSON. — Très bien !

M. PAUL GOUZY. — En voulez-vous la preuve ?

« L'honneur de l'armée, — dit-il, — il est dans tous les lieux du vaste univers où l'un des siens, officier ou soldat, meurt silencieusement pour la France : il est au Sénégal et au Congo, à Madagascar et au Tonkin; hier il était sur le Nil avec l'héroïque Marchand et son admirable troupe... Il est à cette frontière des Vosges et des Alpes où, parmi les frimas et les neiges, veillent, sans se plaindre, les bons chiens de garde de la patrie. Il est sur les vaisseaux de notre flotte, et l'on sait qu'entre les mains de ceux qui les montent cet honneur ne périclitera jamais. » (*Applaudissements à gauche.*)

Mais pourquoi alors l'avez-vous frappé ? Car enfin, il faut bien que vous ayez trouvé, ou plutôt que ceux qui vous conseillent, ceux que vous appeliez, avant-hier, dans votre cabinet, vos conseillers naturels, aient trouvé sinon une raison, du moins un prétexte !

Ce prétexte, j'espère qu'il n'est pas dans ces paroles qui suivent son article sur la patrie, et que je vais vous lire :

« Tout en parlant, je promenais mes regards sur le vaste amphithéâtre. Ils étaient là, devant moi, plus de deux cents, soldats aujourd'hui, officiers demain, pris dans l'élite de notre jeunesse, venus des quatre coins du pays, anciens élèves de nos lycées ou de la rue des Postes, catholiques, tièdes ou fervents, un petit lot de protestants et d'israélites, tous de cœur profondément français, — les derniers comme les autres. » (*Nouveaux applaudissements à gauche.*)

Non, je me refuse à croire, Monsieur le ministre de la Guerre, que vous ayez suspendu ce cours pour cette affirmation, parce qu'un professeur a dit qu'un cœur de Français pouvait battre dans la poitrine d'un juif. (*Applaudissements sur divers bancs à gauche.*)

17

Je suis sûr que, comme moi, vous trouveriez cette pensée odieuse ; je suis même sûr que vous viendrez à cette tribune affirmer que M. le professeur Duruy est irréprochable. (*Très bien ! très bien !*)

Mais quoi ! vous appartenez à un cabinet qui ne se pique pas d'une extrême logique. (*Mouvements divers.*) Nous avons entendu ici même, à cette tribune, le chef de ce cabinet, M. le président du Conseil, — qui pourtant l'a enseignée lui, la logique (*On rit*), — nous dire que les magistrats de la Chambre criminelle étaient irréprochables et faire sortir de ces prémisses cette conclusion : la loi de dessaisissement. (*Applaudissements à l'extrême gauche.*)

M. DE MAHY. — La Chambre l'a votée, pourtant, cette loi ! (*Exclamations à l'extrême gauche.*)

J'ai le droit de dire que la Chambre a voté la loi de dessaisissement. (*Nouvelles exclamations sur les mêmes bancs. — Applaudissements au centre.*)

M. PÉRILLIER. — Elle ne la voterait plus aujourd'hui.

M. LASIES. — Et M. le ministre de la Justice a déclaré hier à un journaliste qu'il ne s'inclinerait pas devant la Cour de cassation. (*Mouvements divers.*)

M. DE BAUDRY D'ASSON. — Eh bien ! vive de Mahy et à bas les juifs ! (*Bruits.*)

M. PAUL GOUZY. — Mais vous, Monsieur le ministre de la Guerre, vous qui êtes un géomètre, et qui croyez certainement avec Pascal que la véritable école de logique c'est la géométrie, je me refuse à croire que vous viendrez poser à cette tribune ce double syllogisme : « Le professeur est irréprochable, donc nous le frappons ; les élèves sont coupables, donc nous ne les punissons pas. » Je ne peux pas croire que vous teniez ce langage.

Ce n'est pas que je demande contre ces jeunes gens une répression sévère. Soyez, Monsieur le ministre de la Guerre, aussi indulgent que vous le voudrez pour nos jeunes camarades, ce n'est pas moi qui vous en blâ-merai, pour ces élèves de notre vieille École autrefois si libérale, si généreuse, si populaire... (*Interruptions à l'extrême gauche.*)

M. LE LIEUTENANT-COLONEL DU HALGOUET. — Elle l'est toujours.

M. LE PRÉSIDENT. — Messieurs, ne coupez pas le discours de l'orateur à chaque phrase.

M. LUCIEN MILLEVOYE. — On insulte jusqu'à l'École polytechnique! (*Exclamations et rires à gauche.*)

M. PAUL GOUZY. — ...que quelques infiltrations malsaines ne peuvent pas avoir entièrement contaminée. Je n'en veux pour preuve que son récent pèlerinage à la tombe de Vaneau.

Soyez donc indulgent vis-à-vis d'eux, mais soyez juste aussi, et surtout, ne donnez pas à ces jeunes gens cette détestable leçon de choses qui sortirait pour eux de ce fait qu'un professeur absolument irréprochable a été sacrifié par un ministre républicain à l'intolérance de quelque jeunes fanatiques. (*Vifs applaudissements à l'extrême gauche et sur divers bancs à gauche.*)

M. LASIES. — Bravo pour les fanatiques! (*Bruit.*)

M. PAUL GOUZY. — Je suis convaincu, Monsieur le ministre de la Guerre...

M. LUCIEN MILLEVOYE. — Vous n'avez pas le droit d'appeler les élèves des fanatiques : ce sont des patriotes! (*Bruit.*)

M. PAUL GOUZY. — Je suis convaincu que M. le ministre de la Guerre sera de mon avis et fera une réponse claire et nette aux deux questions que je pose clairement et nettement, savoir :

1° Pourquoi a-t-on suspendu le professeur, ou, pour parler votre langage, le cours du professeur à l'École?

2° Quelles mesure comptez-vous prendre pour lui

faire obtenir les réparations auxquelles il a droit pour avoir été injustement frappé? (*Applaudissements à gauche. — L'orateur, en regagnant son banc, reçoit des félicitations.*)

M. LE PRÉSIDENT. — La parole est à M. le ministre de la Guerre.

M. DE FREYCINET, *ministre de la Guerre.* — Messieurs, je n'ai jamais eu l'intention de faire à la tribune le procès de l'honorable M. George Duruy. Je connais M. George Duruy de longue date; je sais que c'est un homme de beaucoup de talent et de beaucoup de cœur; je l'ai moi-même, lors de mon précédent ministère, chargé du cours qu'il professe à l'École polytechnique. Par conséquent, je ne suis suspect d'aucun mauvais sentiment à son égard.

Il est bien certain que s'il n'avait jamais écrit que ce que l'honorable M. Gouzy a lu tout à l'heure à la tribune, il ne se serait pas élevé entre lui et les élèves de l'École polytechnique...

A *l'extrême gauche.* — Quelques-uns! (*Mouvements divers.*)

M. LE MINISTRE DE LA GUERRE... — il ne se serait pas élevé entre lui et les élèves de l'École polytechnique...

A *l'extrême gauche.* — Certains élèves! La minorité. (*Protestations au centre et à droite.*)

M. LE PRÉSIDENT. — Vous ne pouvez pas, Messieurs, rectifier chaque mot que prononce M. le ministre.

M. LEYRAUD. — Ce que dit M. le ministre est inexact (*Nouvelles protestations sur les mêmes bancs.*)

M. LE PRÉSIDENT. — M. le ministre est maître de sa discussion, comme M. Gouzy l'a été de la sienne et comme il le sera encore tout à l'heure.

M. LE MINISTRE. — Je me demande en vérité de quel droit certains membres de ce côté de la Chambre (*l'extrême gauche*) disent : « Ce que dit le ministre est

Inexact », alors que j'ai simplement dit que si M. Duruy
n'avait jamais écrit que ce que l'honorable M. Gouzy a
lu à la tribune il ne se serait pas élevé entre lui et les
élèves de l'École polytechnique...

A l'extrême gauche. — Certains élèves! (*Rumeurs au
centre et à droite.*)

M. LE PRÉSIDENT. — Messieurs, veuillez garder le
silence.

M. LE MINISTRE. — Je voudrais bien savoir quelles
lumières particulières possèdent les honorables interrupteurs pour déclarer que ce que j'avance est inexact.
(*Très bien! Très bien! au centre.*)

Je dis qu'il s'est élevé entre M. Duruy...

M. PAUL-FAURE. — Vous solidarisez l'École tout entière
avec quelques manifestants.

M. LE MINISTRE. — Je demande à mes honorables
interrupteurs de vouloir bien m'écouter avec quelque
patience. J'ai l'intention de ne dire que de brèves
paroles : si je commets quelques inexactitudes, comme
ils le prétendent à l'avance, ils viendront les rectifier.
(*Très bien! très bien!*)

Je disais et je répète que si M. Duruy n'avait pas
publié autre chose que ce qu'a lu M. Gouzy, il ne se
serait pas élevé le dissentiment qui a amené l'interruption du cours. Malheureusement, M. Duruy a publié
autre chose ; il a publié certains articles que je ne juge
pas, que je n'incrimine pas...

M. CHARLES BOS. — On lit donc les journaux à l'École
polytechnique? (*Exclamations au centre et à droite.*)

M. LE MINISTRE. — ...il a publié, dis-je, certains articles
qui étaient de nature à éveiller les susceptibilités de la
jeunesse de l'École... (*Très bien! très bien! au centre.*)

M. PASCAL GROUSSET. — Alors ce sont les élèves qui
gouvernent à l'École polytechnique? (*Bruit.*)

M. LE MINISTRE. — Vous m'obligez à répéter que

M. George Duruy a publié certains articles, que je no blâme, que je ne juge pas.

A l'extrême gauche. — Ce n'est pas malheureux! (*Exclamations au centre.*)

M. LE MINISTRE. — Je ne m'institue pas à la tribune le juge des articles que publie un écrivain dans un journal, mais je dis que certains articles de M. George Duruy étaient de nature à éveiller les susceptibilités de la jeunesse devant laquelle il était appelé à parler.

Il est tel de ces articles, Messieurs, qui, si je le lisais ici même, éveillerait vos susceptibilités à vous. (*Réclamations à l'extrême gauche.* — *Applaudissements au centre.*)

Plusieurs membres à gauche. — Lisez! lisez!

M. LE MINISTRE. — Il ne me convient pas de lire ces articles, mais je sais que tels passages éveilleraient à bon droit vos susceptibilités, à moins que vous ne préfériez les dédaigner.

Quoi qu'il en soit...

A l'extrême gauche. — Lisez-les!

M. LE MINISTRE. — Non! je ne veux pas les lire. (*Très bien! au centre.*) Je ne viens pas ici faire le procès de M. Duruy, pour lequel j'ai beaucoup d'estime, je le répète. Mais il n'est pas surprenant qu'au lendemain d'articles comme ceux auxquels je fais allusion, les élèves de l'École polytechnique, dont vous connaissez l'âge, l'impressionnabilité, l'ardeur... (*Rumeurs à l'extrême gauche.*)

Mais enfin, Messieurs, on n'a jamais traité la jeunesse des écoles comme nous pouvons nous traiter nous-mêmes, comme des hommes faits! (*Applaudissements et rires au centre.* — *Nouvelles interruptions à l'extrême gauche.*)

M. LE PRÉSIDENT. — Mais prouvez donc, Messieurs, que M. le ministre a raison! (*Très bien! très bien!* — *On rit.*)

M. LE MINISTRE. — Vraiment, Messieurs, en ce moment vous me mettez presque dans la position où les polytechniciens ont mis M. Duruy. (*On rit.*) Je ne peux pas parler sans être interrompu. (*C'est vrai! — Très bien! au centre.*)

M. JULES-LOUIS BRETON (Cher). — On va vous suspendre, vous aussi, alors!

M. LE PRÉSIDENT. — Vous suspendez le discours de M. le ministre, c'est déjà beaucoup trop! (*Très bien! très bien!*)

M. LE MINISTRE. — Que s'est-il donc passé?

Le 24 avril, les élèves de l'École, et non pas quelques-uns, comme on le disait tout à l'heure, de ce côté (*l'extrême gauche*) — car j'ai le rapport du capitaine de service... (*Exclamations et rumeurs à l'extrême gauche.*)

M. LASIES. — Voilà bien les sentiments que ces messieurs ont pour l'armée!

M. LUCIEN MILLEVOYE. — Il suffit de parler d'un capitaine pour les rendre enragés. (*Bruit à l'extrême gauche.*)

M. LE MINISTRE. — J'ai là le rapport du capitaine de service, et personne n'a le droit de douter de sa parole. (*Très bien! très bien!*) Je ne comprends pas les exclamations que je viens d'entendre. (*Applaudissements.*)

Le capitaine de service qui était présent à la séance, qui a imposé silence aux élèves, déclare que les cris de: « Démission! » se sont élevés de tous les points de la salle. Ils n'en sont pas plus louables, d'ailleurs, mais je réponds là à ce que l'on insinuait tout à l'heure, à savoir qu'il n'y avait eu à manifester qu'une poignée d'élèves; — on a même ajouté, je crois, que c'étaient des élèves de la rue des Postes...

A droite, ironiquement. — Naturellement!

M. PAUL GOUZY. — Je ne l'ai pas dit, mais je le pensais.

A l'extrême gauche. — Mais enfin, ce ne sont pas les élèves qui doivent commander!

M. LE PRÉSIDENT. — Je vous en prie, Messieurs, abstenez-vous de part et d'autre de ces interruptions. (*Très bien! très bien!*)

M. LE MINISTRE. — La manifestation a été aussi spontanée que générale. Je ne l'excuse pas; je raconte purement et simplement les faits.

Or, qu'a fait le commandant de l'École? Vous disiez tout à l'heure : M. Duruy est irréprochable et c'est lui qu'on a frappé! les élèves ont eu tort et c'est pour eux qu'on a eu des trésors d'indulgence!

Eh bien! c'est le contraire qui est la vérité. Les élèves ont subi dès le surlendemain la réprimande du général à l'amphithéâtre de l'École.

Vous, monsieur Gouzy, qui êtes un ancien polytechnicien, vous devez savoir que la réprimande du général, comme dans l'armée, d'ailleurs, a une très grande signification.

A l'extrême gauche. — On n'a pas empêché les élèves de sortir!

M. LE MINISTRE. — Pardon; la réprimande du général est une pénalité plus forte que la consigne, à laquelle vous faites allusion. (*Très bien! très bien!*)

Il y a une gradation des peines d'après le règlement, — un règlement qui n'a pas été fait pour la question qui nous occupe, mais qui est en vigueur depuis longtemps : c'est, en premier lieu, la consigne à l'École; en second lieu, la consigne à la chambre; en troisième lieu, la prison, et en quatrième lieu, la réprimande du général. (*Interruptions à l'extrême gauche.*)

M. LE VICOMTE DE MONTFORT. — Comme pour les officiers dans l'armée.

M. LE MINISTRE. — Je disais donc, Messieurs, à la surprise de quelques-uns d'entre vous, que, d'après le règlement de l'École polytechnique, règlement qui ressemble beaucoup à celui de l'armée, la réprimande du commandant est une des plus grandes pénalités ; après elle, il n'y a plus que l'exclusion de l'École.

Eh bien ! le commandant de l'École, instruit des faits qui s'étaient passés, a réuni tous les gradés de la promotion et leur a infligé une réprimande officielle.

M. Devèze. — Est-elle inscrite sur le livret ?

M. le colonel du Halgouet. — Il n'y a pas de livret !

M. Devèze. — Alors, quelle est la valeur de cette punition ? (*Bruit.*)

M. le Président. — Ne mêlez pas toutes les questions !

M. Devèze. — J'ai bien le droit de faire cette observation.

M. le Président. — Vous n'avez pas le droit d'interrompre.

M. Devèze. — Si on ne me répond pas...

M. le Président. — Ne m'obligez pas à vous rappeler à l'ordre.

Je prie Monsieur le Ministre de continuer et je vous demande à tous, Messieurs, de ne pas prolonger l'incident outre mesure.

M. le Ministre. — Je n'ai que quelques observations très simples à ajouter. — Il me semble que, dans mes paroles, il n'y a de quoi passionner aucun côté de cette Chambre ; je raconte un fait sur lequel vous avez paru, Messieurs, désirer être édifiés, et je le raconte dans des termes qui me semblent de nature à ne provoquer aucune émotion. (*Très bien ! très bien ! au centre.*)

Donc, le commandant de l'École a infligé une réprimande officielle dans les circonstances qui font de cette réprimande une pénalité très forte. Quant à M. Duruy, il n'a pas reçu l'ombre d'une observation... (*Exclamations à l'extrême gauche.*)

Vous vous récriez, Messieurs ?...

M. le Président. — Chacun prétend donner son opinion de sa place : c'est une façon de discuter vraiment intolérable !

M. LE MINISTRE. — On s'étonnait tout à l'heure, de ce côté (*la gauche*), de ce que j'affirmais une chose qui semblait si naturelle, que M. Duruy n'ait pas reçu la moindre observation. Mais je ne regarde pas la chose comme si naturelle que vous. La liberté d'écrire, qui est pleine et entière pour un simple citoyen, peut trouver certaines limites chez celui qui ambitionne l'honneur d'instruire la jeunesse. (*Applaudissements sur divers bancs. — Interruptions à gauche.*)

M. EUGÈNE FOURNIÈRE. — Reste à savoir où vous placez ces limites !

M. LE MINISTRE. — Et je me suis demandé même, tout à l'heure, en relisant l'article, — le dernier article, — si je n'aurais pas dû adresser quelque observation à M. Duruy. Je ne l'ai pas fait, parce que le commandant de l'École ne l'avait pas fait lui-même et que je n'ai pas voulu affaiblir son action en y superposant la mienne ; mais j'aurais peut-être dû intervenir ; et si vous aviez ce texte sous les yeux, Messieurs, vous vous en rendriez compte. (*Applaudissements à droite et au centre.*)

A l'extrême gauche et sur divers bancs à gauche. — Lisez l'article !

(M. le Ministre pose un numéro de journal sur la tribune.)

A l'extrême gauche. — Lisez ! lisez ! — Nous attendons la lecture !

M. LE MINISTRE. — Eh bien, non ! je ne veux pas lire cet article. (*Exclamation à l'extrême gauche.*)

Je disais donc, Messieurs...

M. JULES-LOUIS BRETON (Cher). — On a parlé d'un article ; nous en demandons la lecture. (*Exclamations au centre.*)

M. LE PRÉSIDENT. — Vos collègues désirent entendre M. le ministre ; je vous prie de garder le silence.

M. LE MINISTRE. — J'opposais l'attitude qu'avait eue le commandant de l'École, d'une part vis-à-vis des élèves... (*Interruptions à l'extrême gauche.*)

Monsieur le Président, je renoncerai à la parole si ce bruit continue. Je n'ai pas dit un seul mot qui fût de nature à éveiller aucune susceptibilité. (*C'est vrai — Très bien ! très bien ! au centre et à droite.*)

M. LE PRÉSIDENT. — Veuillez poursuivre votre discours, Monsieur le ministre. Je prie mes collègues de ne pas m'obliger à recourir aux sévérités du règlement. (*Applaudissements.*)

M. LE MINISTRE. — Ce que j'apporte ici ne mérite pas le nom de discours ; ce sont de simples observations, que j'avais l'intention de rendre très courtes, en réponse à la question de l'honorable M. Gouzy. Je montre quel a été le contraste de l'attitude du commandant vis-à-vis des élèves d'une part, et vis-à-vis de M. Duruy, d'autre part. Je dis qu'il n'est pas exact de prétendre que M. Duruy, qui était irréprochable, a été sacrifié, et que les élèves qui étaient coupables ont été l'objet d'une entière indulgence. Les élèves ont été sévèrement réprimandés, tandis que M. Duruy n'a reçu aucune espèce d'observation.

Quant au commandant de l'École, pourquoi a-t-il suspendu ce cours ? Vous savez qu'il arrive à tout instant que lorsqu'un cours est entravé par une manifestation inconvenante ou intempestive, lorsqu'on ne veut pas pousser les choses à l'extrême, en présence de la jeunesse, on interrompt pendant quelques jours ou pendant quelques semaines les leçons, pour les reprendre ensuite dans de meilleures conditions. C'est ce qui a eu lieu bien souvent à l'École de droit, à l'École de médecine. (*Interruptions à l'extrême gauche et sur divers bancs à gauche.*)

M. BACHMONT. — Ce n'est pas la même chose ! (*Bruit.*)

M. LE PRÉSIDENT. — Mais, Messieurs, vous interrompez constamment.

M. LE MINISTRE. — Le commandant de l'École, M. le général Toulza, que je couvre absolument dans cette circonstance et qui, selon moi, s'est conduit avec autant de fermeté que de tact (*Très bien! très bien!*), le général Toulza, après avoir adopté l'attitude que je viens d'indiquer, est venu me trouver. Il avait pris cette mesure avant d'en recevoir l'ordre; il a eu raison, je l'approuve et je le couvre ici. (*Applaudissements au centre et à droite.*)

Le général Toulza m'a dit — et M. George Duruy, de son côté, avait eu le bon esprit de lui conseiller l'indulgence :

« Évitons les rigueurs. Dans l'intérêt du bon ordre et dans l'intérêt de l'École, permettez-moi d'interrompre les cours pendant quelque temps. »

Et pourquoi? Parce que trois jours après, l'autre promotion, celle des plus jeunes, moins disciplinée que celle des aînés... (*Rires ironiques à l'extrême gauche. — Interruptions.*)

Mais certainement, Messieurs.

M. LE LIEUTENANT-COLONEL DU HALGOUET. — C'est dans la nature des choses.

M. LE MINISTRE. — Je parle d'un sujet que j'ai la prétention de connaître. (*Très bien! très bien!*)

L'École polytechnique, malgré cet incident, est, en effet, admirablement disciplinée à l'heure actuelle... (*Exclamations ironiques et bruyantes interruptions à l'extrême gauche et sur divers bancs à gauche. — Agitation.*)

(*M. le Ministre descend de la tribune. — Vifs applaudissements au centre, à droite et sur plusieurs bancs à gauche.*)

M. LE MARQUIS DE L'ESTOURBEILLON. — Voilà la meilleure réponse.

M. Lasies. — Bravo pour Polytechnique!

M. de Mahy. — Il est entendu qu'un ministre ne peut plus parler dans cette Chambre. (*Applaudissements au centre et à droite. — Bruit à l'extrême gauche.*)

M. le Président. — Je fais appel à la sagesse et au patriotisme de tous mes collègues; je les prie de ne pas prolonger cet incident. (*Applaudissements au centre et sur plusieurs bancs. — Bruit prolongé à l'extrême gauche.*)

M. Lucien Millevoye. — C'est la fin du régime parlementaire! (*Exclamations et rires à gauche.*)

M. le Président. — La parole est à M. Gouzy.

M. Paul Gouzy. — Messieurs, je viens d'entendre l'honorable M. de Mahy dire : « Dans cette enceinte, un ministre ne peut plus parler. »

Au centre. — C'est vrai!

M. de Mahy. — Je l'ai dit et je le répète.

M. Paul Gouzy. — Je crois qu'il serait plus juste de dire : le ministre ne veut pas parler. (*Applaudissements à l'extrême gauche et sur divers bancs à gauche. — Protestations au centre et à droite.*)

Au centre. — On l'a empêché de parler.

M. le Président. — M. le ministre de la Guerre a été interrompu en effet presque à chaque phrase, malgré mes avertissements, malgré mes prières.

M. de Baudry d'Asson. — C'est parfaitement vrai.

M. Paul Gouzy. — Celui qui l'interrogeait avait été interrompu à peu près autant. (*Dénégations au centre et à droite.*)

Du reste, comme il est très important que la Chambre ne perde pas la réponse du ministre, je supplie mes collègues de ce côté (*la gauche*) de vouloir bien l'écouter dans le plus grand silence, et je prie M. le ministre de vouloir bien continuer... (*Bruit à droite.*)

Etant bien constaté qu'il n'y a pas de ma faute, je

dois répondre quelques mots aux quelques mots qu'a fait entendre M. le ministre.

Et d'abord je dois lui dire la profonde surprise que j'éprouve à entendre un ministre que je croyais principalement chargé de conserver la discipline dans l'armée nous dire que 'des élèves de l'École polytechnique, qui sont soldats aujourd'hui en attendant qu'ils soient officiers demain, ont pu, à la lecture de certains articles de journaux, s'insurger contre un professeur. (*Interruptions à droite.* — *Applaudissements sur divers bancs à gauche.*)

M. LASIES. — Ils ont bien fait.

M. LE PRÉSIDENT. — Monsieur Lasies, je vous prie de garder le silence.

M. PAUL GUIEYSSE. — M. le ministre a tiré de sa poche un de ces articles et a menacé de nous le lire, puis il s'est ravisé, et n'en a rien fait. Je les ai lus depuis le premier mot jusqu'au dernier, et je déclare qu'il n'y a, dans ces articles, rien qui soit de nature à froisser les susceptibilités de qui que ce soit, et à plus forte raison de jeunes gens qui ne doivent pas se préparer à entrer dans la « grande muette » en poussant des hurlements. (*Nouveaux applaudissements sur les mêmes bancs.*)

Au surplus, il me semble qu'on fait bon marché maintenant, dans cette École, d'une chose qui devrait être, selon moi, la première. Il est très bien, Monsieur le ministre de la Guerre, de développer l'intelligence de ces jeunes gens en leur apprenant le calcul intégral et différentiel qui fera de quelques-uns d'entre eux des savants; il serait mieux de développer le caractère de tous, de manière à faire de tous des hommes. (*Applaudissements à gauche.*)

M. LAURENT BOUGÈRE. — C'est parce qu'ils ont du caractère qu'ils protestent !

M. PAUL GUIEYSSE. — Il me semble que depuis quelque temps on donne dans cette école des exemples singuliers. Hier, c'était un savant, un professeur éminent, votre collègue à l'Institut, Monsieur le ministre de la Guerre, qui était frappé pour des raisons absolument étrangères à son enseignement; aujourd'hui, c'est un professeur de littérature qui n'a jamais développé dans l'âme de ses élèves que l'amour de la patrie en même temps que l'amour de l'armée. (*Interruptions à droite et au centre.*)

M. LAURENT BOUGÈRE. — Mais pas de la discipline !

M. PAUL GOUZY. — Permettez-moi de vous dire encore, Monsieur le ministre, que vous avez comparé deux situations qui ne sont nullement comparables. Oui, dans certaines circonstances, on a bien fait de suspendre des cours à l'École de médecine ou à l'École de droit. Mais ce sont des cours professés à des jeunes gens libres qui ne sont assujettis à aucun service, qui n'ont aucun devoir de discipline; c'est une simple mesure d'ordre public. (*Applaudissements sur divers bancs à gauche.*)

Mais ici il s'agit de soldats. Si demain, sur l'esplanade des Invalides, des soldats se mettent à huer un sergent parce qu'il aura tenu hors de la caserne des propos qui leur déplaisent, je demande si c'est le sergent que vous frapperez. (*Nouveaux applaudissements sur les mêmes bancs.*)

J'ai le regret de ne pas être satisfait de la réponse de M. le ministre de la Guerre. (*Nouveaux applaudissements.*)

M. LE PRÉSIDENT. — L'incident est clos.

A M. le Rédacteur en Chef de la Lanterne.

Paris, 6 mai 1899.

MONSIEUR LE RÉDACTEUR EN CHEF,

On me communique l'article publié dans le numéro de la *Lanterne* daté du 5 mai, sous la signature de M. Maurice Allard. Il y est dit que je suis, « *ainsi qu'il convient, conservateur, patriote et imbibé de saines doctrines* ».

Patriote : Oui, Monsieur, de toute mon âme. Mais non pas, je vous prie de le croire, à la façon de ceux qui servent à notre peuple, sous le nom de patriotisme, une basse denrée qui me dégoûte.

Conservateur : Non, certes, je ne suis pas d'un parti qui, depuis le début de la poignante Affaire, a montré, en général, et sauf quelques trop rares exceptions, si peu de véritable esprit chrétien, d'intelligence, de générosité et qui payera tout cela fort cher.

Penser comme pense ce parti-là : croire ou feindre de croire à toutes les énormes balivernes dont il fait successivement des articles de foi, depuis son « *syndicat de trahison* » jusqu'à ses « *lettres de l'empereur d'Allemagne* »; n'avoir pas dans le cœur un sentiment d'humanité, de pitié, de justice, à la pensée qu'une affreuse erreur a très probablement été commise; se faire de « *l'honneur de l'armée* » une idée aussi singulière que celle qu'il en a; faire chorus avec les belles Madames bien pensantes de nos salons quand elles mangent du Juif, parce qu'il est élégant, aujourd'hui, d'en manger : ah! non, par exemple! Libéral, modéré, tolérant, tant que vous voudrez, mais c'est tout!

Et savez-vous, Monsieur, ce qu'à l'heure même où

les typographes de la *Lanterne* composaient cet article, dans lequel votre collaborateur me « blaguait » légèrement sur mon prétendu conservatisme, savez-vous ce que je faisais?

J'étais au fin fond du faubourg Saint-Antoine; je faisais une conférence à une réunion d'ouvriers, de contremaîtres, de petits commerçants. Je les disputais aux tentations mauvaises du cabaret et de la rue. Je leur parlais de la Renaissance et de ses artistes. Je tâchais de faire pénétrer dans leurs esprits un fécondant rayon d'Art et de Beauté.

Je profitais des loisirs qui me sont faits en ce moment pour exercer sur ces braves gens le doux et fraternel préceptorat que doivent aux déshérités de l'instruction ceux qui en ont reçu plus largement le bienfait.

Trouvez-vous, Monsieur, que je sois aussi « *imbibé* », que M. Maurice Allard le prétend, d'idées rétrogrades?

Veuillez agréer, Monsieur, l'assurance de ma considération très distinguée.

GEORGE DURUY.

Figaro du 12 mai 1899.

M. George Duruy adresse au directeur du *Siècle* la lettre suivante :

Paris, 11 mai 1899.

MONSIEUR LE DIRECTEUR,

On me communique le numéro du *Siècle* d'avant-hier, dans lequel il est dit que « *si M. George Duruy n'avait pas été un enfant en 1870, il eût marché pour la défense de la Patrie* ».

Au mois de juillet 1870, j'étais élève de rhétorique; au mois de septembre, caporal au 21ᵉ bataillon de marche de la garde nationale.

En d'autres temps, je n'aurais pas pris la peine de rectifier, sur un point aussi parfaitement insignifiant, l'information, trop bienveillante dans sa légère inexactitude, qui me concerne.

Mais puisque la mauvaise foi de certains journaux n'hésite pas à travestir mes sentiments les plus profonds et les plus chers, jusqu'à oser dire que j'ai « *marché sur l'honneur de l'armée, sur le respect de la discipline (!), sur le cœur de la France* », il m'importe de rappeler — non à ces menteurs qu'aucune rectification ne guérira de leur goût pour l'imposture et la calomnie — mais à l'opinion publique qui nous jugera tous en dernier ressort, que j'ai commencé de bonne heure à aimer et à tâcher de servir modestement mon pays.

Quant au livre publié tout récemment par le lieutenant Victor Duruy, mon frère, c'est bien en effet un de ces historiques de régiment dont la collection forme le plus admirable monument qui ait été élevé à la gloire de notre armée.

J'ose espérer que l'historique consacré au 1ᵉʳ tirailleurs par un jeune officier reçu premier à Saint-Cyr en 1892 et décoré à vingt-trois ans pour faits de guerre, sera jugé digne du corps d'élite dont il raconte les hauts faits.

Recevez, monsieur le Directeur, l'assurance de ma considération très distinguée,

GEORGE DURUY.

M. George Duruy nous permettra d'ajouter qu'en 1870, un de ses frères s'était engagé, le jour même de

la déclaration de guerre, dans ce même 1er régiment de
tirailleurs; qu'un autre, ancien officier, était blessé au
Bourget; que son père, enfin, montait la garde sur le
rempart, la plaque de grand officier de la Légion d'honneur sur sa tunique de garde national.

Telle est la famille dont une certaine presse accuse
aujourd'hui l'un des membres de « marcher sur le cœur
de la France », parce qu'il s'est permis d'exprimer les
doutes que lui inspire l'édifiant procès qu'on a pu étudier dans notre publication des documents de l'enquête.

A M. le Directeur du Gaulois.

Paris, 17 mai 1899.

Monsieur le Directeur,

Dans un article publié par le *Gaulois* du 15 mai,
votre collaborateur M. L. Desmoulins me donne le conseil de me dégager d'une « *solidarité compromettante* »
avec les insulteurs de l'armée.

Je n'ai pas à me dégager d'une solidarité qui n'a
jamais existé, qui n'existera jamais.

Dès le premier des articles que j'ai publiés sur la
question qui divise si tristement le pays, je parlais (*Figaro* du 10 février) de « *la colère causée par les attaques
que de bien maladroits partisans de Dreyfus dirigent avec
un criminel acharnement contre l'armée* », du « *sentiment
national cruellement blessé dans sa fibre la plus sensible*»,
de « *ce peuple justement irrité* ».

Dans tout ce que j'ai écrit depuis trois mois, je défie
qu'on trouve un mot, un seul mot impliquant l'ombre
d'une adhésion quelconque à l'abominable campagne

dirigée par voie d'injustes généralisations contre l'armée. Vous savez bien que si j'avais commis la faute, que je me reprocherais comme une sorte de crime, d'y avoir adhéré, les bienveillants confrères qui en sont réduits, comme la *Gazette de France*, à me traiter de « *préposé du Syndicat* », faute de mieux, auraient depuis longtemps déniché le passage, et me l'auraient servi.

La vérité, c'est que j'ai de l'honneur de l'armée une conception qui n'est pas en faveur aujourd'hui et qui eût peut-être épargné à la France et à l'armée de très grands malheurs, si elle l'avait été davantage depuis le maudit procès de 1894.

« *Il est temps*, disais-je dans un article (*Figaro* du 9 mars), *que nos loyaux soldats comprennent que l'honneur de l'armée, cet honneur qui est un des plus chers trésors de la patrie, n'a rien de commun avec la ténébreuse Affaire, ni avec aucune des choses très laides qui se sont, hélas ! peut-être greffées sur elle...* »

Avais-je donc si tort, Monsieur, d'exprimer cette opinion? Si elle avait prévalu depuis le début de l'Affaire, l'affreux engrenage aurait-il saisi les uns après les autres et broyé tous ceux qu'une insensée conception de cet « *honneur de l'armée* » a conduits où nous les voyons?

Et dans ce même article, j'écrivais encore :

« *L'honneur de notre armée, ce n'est pas dans un certain bureau de l'état-major qu'il réside, au milieu de paperasses suspectes, de loupes et de grattoirs. Il est dans tous les lieux du vaste univers où l'un des siens, officier ou soldat, meurt silencieusement pour la France. Il est au Sénégal et au Congo, à Madagascar et au Tonkin; hier, il était sur le Nil avec l'héroïque Marchand et son admirable troupe, dont les pieds saignent, en ce moment même, sur les rochers d'Abyssinie.*

« *Il est à cette frontière des Vosges et des Alpes, où, parmi les frimas et les neiges, veillent sans se plaindre les bons chiens de garde de la Patrie. Il est sur les vaisseaux de notre flotte, et l'on sait qu'entre les mains de ceux qui les montent cet honneur ne périclitera jamais!*

« Cet honneur-là n'est solidaire des défaillances de personne. Trésor collectif, fait du dévouement, de l'abnégation, des hautes vertus d'une multitude de héros, il échappe aux responsabilités engagées dans l'Affaire. Il plane très au-dessus de ce marais fétide dont les émanations ne montent pas jusqu'à lui. ᴉ ᴉ st chose, non de ténèbres, mais de grand air et de clair soleil. »

Et c'est pourtant l'homme qui a écrit ces choses, et beaucoup d'autres encore, toutes pénétrées du même esprit, qu'on dénonce comme un émule de M. Urbain Gohier; c'est cet homme-là qu'on faisait, il y a quinze jours, outrager par de jeunes soldats à qui jamais il n'avait parlé de cette armée qu'avec respect et qu'avec amour...

Ah! Monsieur, dans quel horrible temps nous vivons!

Veuillez agréez, je vous prie, l'expression de ma considération très distinguée.

GEORGE DURUY.

A M. Urbain Gohier, rédacteur de l'Aurore [1]

Paris, 25 mai 1899.

MONSIEUR,

La condition que vous prétendez, dans votre article d'hier, avoir été mise à la reprise de mon cours ne m'a

1. Cette lettre fut adressée à M. Urbain Gohier en réponse à un article de l'*Aurore* dans lequel il était dit:

« ... Le ministre Krantz a réintégré M. George Duruy. La

jamais été imposée. J'ai écrit, librement et spontané-
ment, au *Gaulois* une lettre dans laquelle je me défen-
dais d'être un ennemi de l'armée, tout simplement
parce c'est dans le *Gaulois* que j'avais été le plus expressément l'objet de cette accusation.

Il est parfaitement exact que j'ai adressé des remerciements à vous et au rédacteur en chef de l'*Aurore*,
ainsi qu'à d'autres confrères dont les opinions sont très
différentes des miennes, mais qui, comme vous, s'é-
taient exprimés sur mon compte avec bienveillance. Je
vous remerciais de ce que vous aviez dit *pour* moi et
non pas du tout de ce que vous aviez dit *contre* l'École
polytechnique.

Je me demande en quoi cet acte d'élémentaire cour-
toisie impliquait l'ombre d'une adhésion quelconque à
vos idées. Vous saviez très bien que, sauf une, qui nous
est commune et que je me garde bien de renier, je les
détestais, de même que je savais, moi, que vous dé-
tiez les miennes. L'*Aurore* n'avait-elle pas eu soin de
rappeler que je n'étais pas de ses amis, au moment
même où elle prenait ma défense ?

Il me semble, Monsieur, qu'en essayant de démontrer que j'ai été perfide, vous prouvez seulement que
j'ai été poli. Et comme, en dépit de l'attaque qu'il vous
a plu de diriger hier contre moi, l'expérience fâcheuse
des inconvénients de la politesse en un temps de
mœurs quelque peu sauvages ne parvient pas à me décourager de la pratique de cette modeste vertu, je vous

condition de l'arrangement était une lettre de M. Duruy,
publiée dans les feuilles d'État-Major pour affirmer ses bons
sentiments militaristes... Je n'ai pas du tout l'ambition
d'être un émule de M. George Duruy, mais je le trouve un
peu prompt à me renier, huit jours après m'avoir adressé
tous ses remerciements... •

prie d'agréer de nouveau mes sincères remerciements pour les bons procédés dont j'ai eu à me louer de votre part, à un moment où beaucoup de nos confrères n'en avaient pour moi que de mauvais.

Recevez, Monsieur, l'assurance de ma considération très distinguée,

GEORGE DURUY.

TABLE DES MATIÈRES

TROISIÈME PARTIE

APPENDICE

Paris. — Typ. Chamerot et Renouard, 19, rue des Saints-Pères. — 1881.

www.ingramcontent.com/pod-product-compliance
Lightning Source LLC
Chambersburg PA
CBHW061431060726
47597CB00002B/295